U0782271

高校体育运动教育教学模式研究

李越苹　秦毅君　闫春明 ◎著

吉林出版集团股份有限公司
全国百佳图书出版单位

图书在版编目（CIP）数据

高校体育运动教育教学模式研究 / 李越苹, 秦毅君,
闫春明著. -- 长春 : 吉林出版集团股份有限公司, 2023.6
ISBN 978-7-5731-3499-8

Ⅰ . ①高… Ⅱ . ①李… ②秦… ③闫… Ⅲ . ①体育运
动—教学研究—高等学校 Ⅳ . ①G807.4

中国国家版本馆CIP数据核字(2023)第141639号

GAOXIAO TIYU YUNDONG JIAOYU JIAOXUE MOSHI YANJIU

高校体育运动教育教学模式研究

著　　者/　李越苹　秦毅君　闫春明

责任编辑/　金方建

开　　本/　　787 mm × 1092 mm　　1/16

印　　张/　11

字　　数/　200千字

版　　次/　2024年7月第1版

印　　次/　2024年7月第1次印刷

出　　版/　吉林出版集团股份有限公司

发　　行/　吉林音像出版社有限责任公司
　　　　　（吉林省长春市南关区福祉大路5788号）

电　　话/　0431-81629679

印　　刷/　吉林省信诚印刷有限公司

ISBN 978-7-5731-3499-8　　　定价　58.00元

前　言

在高校教学中，体育教学作为一个重要的组成部分，对促进学生素质的提高有着很重要的作用。同时，伴随着"健康第一"和"素质教育"育人理念的不断普及，普通高校的教育改革与创新的不断深入，体育教育教学的课程、理念、教学理论实践也在不断地完善和创新。随着体育教学改革进程的进一步推进，运动教育模式已经被广泛地应用于高校体育教学中。

基于此，本书以"高校体育运动教育教学模式研究"为题，全书共设置七章：第一章探索体育与高校体育教学、体育教学的基本原则、我国体育教学理论的发展；第二章探讨高校体育教学方法及其重要性、高校体育教学方法的类型划分、高校体育教学方法选择与革新；第三章分析高校体育课堂教学的准备内容、高校体育课堂教学的组织与管理、高校体育教学评价及其设计实施；第四章探索高校体育的微课教学模式、高校体育的慕课教学模式、高校体育的翻转课堂教学模式、高校体育混合式教学模式；第五章围绕高校体育教学中的运动教育模式展开，探讨运动教育模式的理论综述及时代价值、高校体育教学中运动教育模式的引入、高校体育教学中运动教育模式的发展；第六章分析高校篮球运动的技术教学与战术训练、运动教育模式下篮球课程的过程性评价、运动教育模式在高校篮球教学中的应用；第七章探究高校排球运动的技术教学与战术训练、运动教育模式对排球运动教学的影响、运动教育模式在高校排球教学中的应用。

全书内容通俗易懂，结构层次严谨，条理清晰分明，从高校体育教学相关的基础理论入手，拓展到体育运动教育模式教学体系的发展以及应用，兼具理论与实践价值，可供广大相关工作者参考借鉴。

笔者在撰写本书的过程中，得到了许多专家学者的帮助和指导，在此表示诚挚的谢意。由于笔者水平有限，加之时间仓促，书中所涉及的内容难免有疏漏之处，希望各位读者多提宝贵意见，以便笔者进一步修改，使之更加完善。

目　录

第一章　高校体育教学概述

第一节　体育与高校体育教学

一、体育

（一）体育的类型

1. 学校体育

学校体育是在各个学校开展的有目的的体育教育活动，旨在提高学生身体素质，教授体育知识、技能等，同时也可以培养学生的意志品质。学校体育是体育的一部分，也是教育的一部分。我国体育事业的发展离不开学校体育。学校体育教育的主要目的是锻炼学生的身体、增强体质，培养学生的意志品质以及终身体育的思想。"学校体育教育关系到终身体育意识的培养，它不仅为学生终身体育打下基础，更重要的是培养学生终身体育的意识、习惯和能力。"① 学校体育由体育课、课外体育活动、体育训练和课外比赛竞技四个部分组成。

2. 社会体育

社会体育主要是人民群众为了锻炼身体、进行康复训练、休闲娱乐等而进行的体育活动，它的形式多样，受众广泛。社会体育主要群体是人民群众，涉及社会生活的各个领域，包含的内容也十分多样，比如娱乐体育、休闲体育、养生体育、医疗体育等。当今社会，人们不断提高对自身的发展重视程度，对自身知识水平和身体素质要求也更高。身体素质主要是围绕身体健康、体形、精神状态和自身气质等，人们会选择进行社会体育和学校体育活动来提高身体素质。

3. 竞技体育

竞技体育可以最大限度地激发人们的潜能，使人们的体格、体能、心理、运动技能等

---

①安莹.学校体育与终身体育［J］.机械职业教育，2008（8）：25.

能力得到锻炼。人们为了在比赛中获得好成绩，会进行一系列科学训练和比赛，这些都属于竞技体育的一部分。竞技体育是文化领域中特殊部分之一，在体育领域中占有最高地位，也是世界体育文化的主体，在大众文化中也具有很高的地位。竞技体育将人体的能力发挥到极限，观赏性和感染力较强。同时，竞技体育也可以凝聚、团结民族力量，振奋民族精神。

（二）体育的功能

体育的功能产生于体育的本质和社会的需要，并从促进社会物质文明和精神文明中表现出来。体育的功能具体如下：

1. 健身功能

体育是以身体的直接参与来表现的，这是体育最本质的特点，它决定了体育的健身功能。

（1）改善大脑供血和供氧，提高中枢神经系统的适应能力，能使人心情舒畅，调节社会、生活和工作的压力。

（2）促进人体的生长发育，加速新陈代谢。

（3）对人体内脏器官构造的改善有着积极的作用。

（4）刺激骺软骨的增生，促进骨骼的生长。

（5）提高肌肉的工作能力。

（6）提高人体的免疫力、抗疾病能力和心理承受能力。

（7）提高对自然环境和社会环境的适应能力，预防疾病，延缓衰老。

2. 教育功能

体育是教育的重要组成部分，体育的教育功能也是它最基础的功能。人们参与各类体育活动的同时也在接受教育，无论是在学校、俱乐部还是训练场以及其他各类场所的锻炼，都会有教师、教练和同伴进行指导和教授。尤其在校学生处于身体生长发育阶段，也处于世界观、价值观的形成时期，进行体育运动，不仅可以提高学生身体素质，增强体质，而且还可以让学生接受意志品质和思想道德规范等方面的教育。

同时，体育具有群体性、国际性、礼仪性和竞技性等特点，可以向人们传递某种价值观。此外，体育还可以激发群众的爱国热情，增强民族凝聚力，教育人们积极健康发展。人们在观看体育比赛和参与体育活动过程中也会受到社会的影响，接受社会教育。

3. 社会化功能

人的社会化就是个体社会化，是人从生物的人变为社会的人的过程。而在这一转变过程中，体育运动扮演着重要角色。人们学会的基本生活技能都是通过体育运动获得的，刚出生婴儿的被动体操、儿童的打闹嬉戏、长大后适应社会等，都需要通过体育活动获得。人们在进行体育运动时，必须遵守体育规则，通常由教师或教练告知规则并进行监督，这一过程就是让人们养成遵守社会规则的行为习惯。

体育运动具有社会性，在体育运动中，人们相互交流，彼此默契配合，可以促进人际交往，提高人们的沟通能力。为了促进人类社会健康发展，就要在社会各类人群中普及健康和体育运动相关知识，使青少年、中年人、老年人等不同年龄段的人都能通过获得的体育知识，并进行健康的体育活动，培养健康的生活方式。在促进个体社会化方面，体育已经深入社会生活的方方面面，扮演着重要的角色。

4. 政治功能

体育在政治中主要有两个作用：一是在国际比赛和交流中具有重要作用；二是在群众体育中具有重要作用。

国际比赛可以反映出一个国家的实力，从一个国家竞技体育水平的高低，可以看出一个国家政治、经济、文化等方面的发展情况。

5. 经济功能

经济发展为国家发展提供物质保障，体育的发展也离不开经济的支持。一个国家的体育运动发展情况通常可以反映出这个国家经济发展水平。经济发展促进体育发展，体育运动的发展又可以推动经济进步，如今，体育作为第三产业，在经济中的地位日益提升，与商品经济联系日益紧密。

体育运动主要从两个方面获得经济收益：一是大型运动会，通过售卖门票、印发纪念币、邮票、体育彩票等获得收益；二是日常体育活动，利用体育设施，组织热门体育项目比赛，开展娱乐体育活动，售卖体育服装、体育设施，同时组织旅游活动，体育咨询等来获得经济收益。

6. 娱乐功能

体育运动既可以帮助人们提高身体素质，也可以获得精神上的愉悦，陶冶情操，人们可以在运动中暂时放下繁忙的工作，让身心获得暂时的休息。实现体育娱乐功能的主要途径是参观和参与。体育运动具有极高的观赏性，尤其是高水平的竞技体育活动，能够展现出力量与速度的完美结合，让观众欣赏到人体力量和运动之美。另外，体育活动可以让参与者彼此相互配合，在与他人的竞技中获得不一样的身心体验，娱乐自身。

二、高校体育教学

体育在整个教育过程中具有不可替代性，高校体育是学校教育的重要组成部分，同时又具有体育的属性和功能，是促进学生全面发展的重要手段。高校体育属于教育学和体育学下的学科层次，所以体育和教育有相同的属性。一方面，学校教育的构成包括高校体育，因此二者的目标是相同的；另一方面，体育中也包含高校体育。

因此，体育的属性也应被高校体育展现得淋漓尽致，通过基本的身体运动和练习，强健体魄，加强人体机能，让大学生的身心得到更好发展。总的来说，通过基本的身体运动和练习，运用科学的培育方式提高大学生身体机能，让德、智、体、美在人心理和生物潜能不断开发的过程中得到发展，实现身体和心理的健康，就是高校体育的目标，也是教学发展的总目标。

（一）高校体育教学的任务

我国高校体育要实现的目标既要依照体育功能、大学生所处的年龄段，还要依照我国教育事业和现代社会的发展需要，其目标是让大学生具备健康体育的意识，提高体育技能，自觉坚持体育锻炼，增强自身体质。让大学生有正确的体育观念、良好的行为习惯和思想品格，全面发展德、智、体、美、劳，为发展社会主义事业打下良好的基础。以下这些任务可以帮助高校体育更好地实现目标：

第一，增强体质、增进健康，是我国高校体育要完成的最重要任务。其既反映了体育具备的最本质功能，也符合当前我国大学生身心健康发展和社会主义建设的需要。大学生基本都处在最具生命活力的青年期，特别注重身心的健康发展，可以在这一时期督促大学生对体育健康的学习，让大学生养成良好的生活习惯，身体健康和心理健康两手抓，鼓励大学生参加各种各样的文化活动，坚持锻炼身体，保证大学生的内脏功能和身体发育良好，增强体质，让锻炼更有效果，增加身体抵抗力，具备快速适应环境和参与各种活动的能力。

第二，坚持锻炼身体，学习体育健康知识并掌握相关技能。为保证大学生具备正确的体育意识，充分了解体育健康知识，激发出大学生参与体育锻炼的热情，保证身体健康，就需要大学生不断学习有关体育和健康方面的知识，要科学地参与运动项目的锻炼，熟练掌握其技术，并养成坚持锻炼身体的好习惯。这些可以很好地满足大学生以及当代人身体健康的需要。

第三，培养良好思想品德、意志，促进学生个性完美发展。育"体"和育"心"在高校体育中同样重要。体育本身具备的特征为高校体育提供了多种多样的形式，但要在筹备体育竞赛、开展运动训练活动、安排体育课程等过程中时刻关注对其思想和意志方面的学习。鼓励学生积极锻炼身体，早日投身于建设社会主义现代化中；培养大学生具备奋发图强、敢于拼搏、吃苦耐劳、团结友爱的优秀品格；鼓励大学生积极养成健康的行为，具备发现美、表达美、热爱美的能力，让大学生实现更高更好的追求，全面提高大学生在个性方面的发展。

第四，提高运动技术水平，为国家培养体育人才。大学积极推动群众性体育活动的同时，也应着重培养一些具备专项运动才能的大学生，科学合理地为他们安排训练活动，让大学生充分发挥体能和智能的长处。要始终遵循体育运动的规则，为大学生灌输正确的竞技教育知识，展开科学、系统的训练，让大学生的运动水平得到极大提高。这样不仅可以丰富大学生的课余生活，也有利于开展各类群众体育活动，还可以增加国家竞技运动人才的储备量。

（二）高校体育教学的工作

1. 体育课程教学

体育课程教学是高校体育中的重要组成部分，是实现我国高校体育的目的与任务的主要途径之一。我国教育部把体育课改为体育与健康课，这为体育课教学工作的正常开展提供了强有力的法规保证。

通过开设体育与健康理论课、体育实践课和体育保健课，向学生传授体育基础理论知识，提高大学生对体育的认识，树立终身体育的观念；学习科学锻炼身体的方法；掌握锻炼身体的基本技术；提高大学生的体育文化素养和体育欣赏水平。

2. 课外体育活动

课外体育活动作为大学生体育教育的重要组成部分，在高校体育教育中扮演着重要角色。课外体育活动，能够增强大学生的体质，保障大学生的身体健康。大学生可根据自身身体状况及个人喜好并结合自身的职业发展需要选择适合自己的体育课外活动项目，制定科学合理的锻炼计划，从而促进身心健康发展。

（1）群众性体育竞赛。作为体育教育的另一重要形式，群众性体育竞赛一般包括校内和校外两种竞赛方式。前者通常是指校内举办的以班级、年级、院系等为单位的比赛项目，例如友谊赛、达标运动会等等；后者通常是指派校队运动员代表学校参加的校外体育比赛。不管是哪种方式都突出了群众性体育竞赛广泛性和多样性特点。

（2）野外活动。在自然环境中开展的各种活动都称为野外活动。例如人们常见的水上运动、冰雪运动、空中运动等，这些从活动环境上来看都属于野外活动。此外，人们经常提到的竞技类、健身类活动等也属于野外活动。各种各样的野外活动在陶冶大学生情操、提升大学生身体素质等方面起到了重要作用，这种作用是一般体育运动所不能替代的。

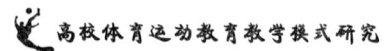

第二节　体育教学的基本原则

所谓"原则"一词，在汉语中通常是指"观察问题、处理问题的准绳"，在英语中含有指导原理、基本要求的意思。因此，在教学原理中，通常把教学原则定义为对教学的基本要求和指导原理。教学原则对整个教学过程都起着指导作用。教学原则是指导教学活动的出发点，教师要根据教学原则来设计整个教学过程。教学原则是实施教学的总调节器，在整个教学进程中，教师要以教学原则来调节、控制教学活动。教学原则是衡量教学质量的准则，教学质量的高低，从根本上来说就是看教学原则贯彻得如何。因此，每个教师和教学管理者都必须掌握体育教学原则。

教学原则是规范性的，是属于主观性教学要素范畴的。教学原则是在总结教学实践经验、认识教学规律的基础上制订出来的。教学原则本身依据对教学规律的正确理解来制订。因此，我们将教学原则界定为：依据一定的教学目的，以教学规律的认识为基础，并用以指导实际教学工作的基本条文。由此可见教学原则具有规范性、时代性、理论性和多样性等性质和特点。

"体育教学原则是体育教学过程中必须遵守的准则或标准。"[①] 体育教学原则是对体育教学实践经验及规律的概括和总结，是实施体育教学最基本的要求，是保持体育教学最基本的因素，是判断体育教学质量的基本标准。

一、合理安排身体活动量原则

体育教学的特点是身体活动或称为身体运动，因此，在体育教学中要使学生身体所承受的运动负荷有效、合理，以达到锻炼身体、掌握体育技能的需求，这就是体育教学中合理安排身体活动量的原则。

合理安排身体活动量原则是依据体育教学的本质特点和体育教学的运动负荷规律提出来的。一般来讲，运动负荷就是学生做练习时身体所承受的生理负荷量，它由运动强度和运动量构成。运动强度就是单位时间内身体所承受的量的大小，运动量就是运动的内容、数量、时间等。在体育教学中，合理地安排身体活动量，使学生都能达到适宜的生理负荷量，才能在锻炼中收到锻炼效果。

一堂体育课的合理的身体活动量的安排是为实现课程教学目标而确定的，简单讲要根

---

① 张小锋. 体育教学原则探讨［J］. 科技风，2008（21）：112.

据课程目标、课程类型来安排不同的运动负荷。

体育教学过程中，参与学习锻炼的学生存在个体差异，学生的体质不同、性别不同，具体到身体形态、身体机能、身体素质不同。因此，一定要根据不同学生的特点安排运动负荷。

运动负荷由运动强度和运动量构成，要使体育教学过程中学生的身体活动量适宜，就必须根据课程目标、教学内容、教学进度、教学设计等来调整运动负荷。调整方法无外乎调整运动强度或调整运动量两个方面。一般而言，强度大、量就小，反之强度小、量就大，这是一般的体育教学运动负荷调整原则。在体育教学中一般对运动量进行调整，即调整练习的内容、练习的时间或练习的数量即可达到我们的适宜要求。

二、促进运动技能不断提高原则

促进学生运动技能不断提高原则是指在体育教学中要不断提高学生的运动技能，提高学生的运动成绩，实现有效的体育教学。促进运动技能不断提高原则是依据较好地掌握运动技能，有利于参与终身体育的规律和体育教学条件下运动技能形成规律提出的。不断提高学生的运动技能是体育教学最基本的要求，是判别体育教学是否有效和高质量的标准，也是判别体育教师教学能力的标准。

第一，正确认识运动技能的提高在体育学习中的重要意义。掌握运动技能既是体育学科"授业"之本职，也是体育学科"解惑"的重要基础，掌握运动技能是锻炼学生身体、提升学生运动素质以及体验运动乐趣和掌握体育锻炼方法的前提。体育教师要充分认识运动技能的提高在体育学习中的重要意义，认真搞好运动技能教学。

第二，明确运动技能学习的目的，有层次地掌握运动技能。学生掌握运动技能和提高技能水平与运动员不同，主要是为了娱乐和健身。因此，体育教学中的运动技能传授要树立"健康第一"和为学生终身体育服务的思想，要围绕"较好地掌握1~2项常用的运动技能""初步掌握多项可能参与的运动技能""掌握基本作为锻炼身体方法的运动""体验一些运动项目"等不同运动技能提高的目标，有层次和分门别类地让学生掌握他们终身体育所需要的运动技能。

第三，钻研"学理"和"教法"，提高教学质量。让学生很好地掌握运动技能，就必须摸清运动技能掌握的规律，特别是在体育教学条件下的运动技能掌握规律。体育教学的时间相对有限、学生众多、教学场地和器材有限，这些条件与运动员训练和学生自由运动的条件相差甚远。因此，我们必须研究体育教学中技能提高的途径和规律，这就是"学理"研究和根据"学理规律"的教法研究，这类研究的积淀是制订科学的体育课程以及提高体育教学质量的前提和保证。

第四，创造提高运动技能的环境和条件。要让学生很好地掌握运动技能，还必须创造良好的技能学习条件，其中包括教师自身的运动技能水平和教学技能，也包括对场地器材的设置和教学环境的优化，还包括对学生集体的组织和开展学生的相互交流、相互评价等。

三、注重体验运动乐趣原则

注重体验运动乐趣就是在体育教学中让学生在掌握运动技能和锻炼身体的同时，体验运动带来的乐趣，使学生喜爱运动并养成运动的习惯。注重体验运动乐趣原则是依据运动中的游戏特性和体育教学中运动情感变化规律提出的。让学生通过体育教学和运动体验到乐趣，并对此产生兴趣，是提高体育教学质量的必然。让学生在体育教学和运动中体验乐趣，是终身体育的要求，也是体育教学的目的。

第一，正确处理和对待运动中的乐趣。每个体育运动项目都有其特殊的固有乐趣，这些乐趣来自项目的运动特点和比赛特征，在教学过程中我们要正确处理和对待。对这些乐趣不能盲目地追求，而应该从教学目标和教学手段两个层面去汲取对教学过程有用的、有积极意义和价值的乐趣。

第二，乐趣的基础是获得成功的体验。在体育教学过程中，要使学生体验成功的乐趣，就要注意在教学方法和教学内容的选择上加以思谋，使大多数学生都有机会体验成功，而不是体验挫折。

第三，处理好体验乐趣与掌握运动技能的关系。掌握运动技能、提高身体素质是体育教学的首要目标，在体育教学中不能一味追求趣味化而放松了运动技能的教学，影响教学质量。在体育教学中既要掌握运动技能，又要体验运动乐趣，使学生在体育教学中享受到体育锻炼和体育学习带来的乐趣，二者要有机地统一起来。因此，在体育教学中，应把趣味性强和教学意义强的内容作为重点；把教学意义强但趣味性差的内容，通过教师的努力，赋予其有乐趣的因子，使教学饶有兴趣。

第四，开发多种易于学生体验乐趣的教学资源。教学资源的开发与利用对学生体验运动乐趣非常重要。教学内容的调整、练习条件的变化、场地器材的改变等都能给学生带来运动乐趣的体验，这需要教师认真地根据学校现有的各种条件进行挖掘与整合。

第五，体验成功不忘挫折、体验乐趣不忘磨炼。磨炼与挫折往往伴随着成功，所有的成功必须经过磨炼与挫折、失败才能得到，这是一条普遍的规律。在体育教学中我们要让学生经历这些磨炼与挫折，但要把握好一定的度，以不挫伤学生学习的积极性为限。

四、因材施教原则

因材施教原则是指在体育教学中要贯彻"面向全体学生"的精神，根据每一个学生的具体情况，实施各不相同的、有针对性的教育，使每一个学生的运动技能和身心健康都能在各自的基础上得到充分的发展。

因材施教原则是依据体育教学受制约于学生身心发展的特点规律提出的。学生身心发展在一定年龄阶段上虽然具有一定的稳定性和普遍性，但是由于每个学生的发展受遗传、生长环境等变因的影响，同一年龄段的学生的身心发展又表现出很大的差异性，而运动方面的差异性就更为明显。因此，体育教学必须充分考虑这些个体的差异，坚持因材施教的原则，争取使每个学生都得到平等的教育和充分的发展。

第一，深入细致地研究和了解学生。在体育教学中要贯彻因材施教的原则，第一件事就是了解学生的个体差异的情况，为进行因材施教的教学作好准备。充分地了解和研究学生是良好教学的基础和出发点，教师可通过问卷调查、查阅资料和询问班主任等方法对学生进行细致的了解，弄清学生在身体条件、兴趣爱好和运动技能等方面存在的个体差异，并对这些个体差异进行全面的分析，在此基础上考虑区别对待的对策。对学生的个体差异，还要用发展的观点来对待，不能用静止的眼光看待学生。

第二，正确看待和引导学生正确对待个体上的差异。在体育教学中要贯彻因材施教的原则，还必须正确看待和引导学生正确对待个体上的差异。教师自己不仅要告诉同学们不能歧视身体条件比较差的学生，也不能偏爱身体条件比较好的学生，且要告诉同学们：人在各个方面存在个体差异是很正常的事情，特别是在身体和体育方面人的个体差异更加明显，同学们不要为这些差异而沮丧，也不能为这些差异而自满，大家都有自己的发展目标和努力方向。还要告诉学生用发展的观点来看待个体间的差异，引导学生要互相帮助、互相学习、互相评价等。通过这样的活动和教育使师生在思想上共同具有正确对待个体差异的认识和行为。

第三，通过各种体育教学组织形式创造因材施教的条件。在体育教学中，教师要采用多种教学的组织形式来因材施教，如采用各种类型的"等质分组"（按体能分组、按身高分组、按体重分组、按技能水平分组等）的形式来进行区别对待的教学。对身体条件和运动技能有缺陷的同学要给予热情关怀和照顾；对身体条件和运动技能都好的学生，也要为他们的进一步发展创造条件，提出更高的要求，从而保证全体学生都能有进步，使每个学生都能体验到学习和成功的乐趣。

第四，采用各种体育教学方法进行因材施教。因为有些体育教学的场合是不能进行"等质分组"来解决区别对待的问题的，因此还要运用各种区别对待的教学方法来因材施教，如"五分手篮球""目标跳远"等教学方法，这些方法既能让每个学生拥有自己的挑战目标，去实现自己的突破，又能与强手一起同场竞技。

第五，把因材施教与统一要求结合起来。统一要求是面向多数学生，而因材施教是面向全体学生；统一要求是客观标准，而因材施教是主观评价标准；统一要求与学籍管理有关，而因材施教与学习自觉性有关，但是无论怎样讲，统一要求和因材施教都是体育教育的目标和手段，两者不可偏废。

五、提高运动认知和传承运动文化原则

提高运动认知和传承运动文化原则是指在体育教学中通过运动知识和运动技术的学习，培养学生的运动认知能力，提高学生对运动文化的理解，传承运动文化。提高运动认知和传承运动文化原则是依据运动实践与运动认知相互促进的规律提出的。

运动认知是通过各种运动体验形成的一种特殊的认知方式，擅长运动的人在身体反应、神经传递方面等有突出的能力，反应快速、动作敏捷，这就是运动认知水平高的表现。运动认知的获得与提高不仅与人的学习、工作、生活密切相关，而且也与人的健康和幸福有密切关系。在学校教育中，不同的学科担负着不同认知能力的培养任务，体育教学是学生获得运动认知的最重要的场所。体育学科的价值就是培养和提高学生的运动认知能力，促进学生认知能力的全面发展。运动文化是人类灿烂文化的重要组成部分。对于这一前人创造的优秀文化，后人必须将其世代相传下去。因此，传承运动文化是体育学科的重要任务之一。

第一，重视体育学习中的"认知"因素，要完成"学懂"的目标。要通过体育教学，实现学生的既"会"又"懂"，"会"指的是对运动技能的掌握，"懂"指的是对运动技能原理掌握的和运动文化特征的理解。学生对运动技能掌握的原理的理解有利于他们在未来的体育锻炼实践中可以"举一反三"；而学生对运动文化特征的理解则有利于他们区别运动文化与其他文化的本质与形式，以便于更好地融入体育实践，二者都与学生的终身体育有着密切的关系。

第二，重视培养运动表象和再造想象。运动表象和再造想象是学生形成动作、掌握运动技能的基础。学生头脑中运动表象的储备越丰富，再造想象力越强，运动动作掌握得也就越迅速、越准确。由于学生对某一动作的认识在很大程度上依赖于他对那个动作所形成的表象。因此，教师在体育教学中要经常注意学生是否形成适当的运动表象，以帮助学生获得正确的认识和知识。使学生通过教师的示范、讲解或观看录像等，经过自己的模仿练习，形成正确而清晰的运动表象的同时，通过再造想象过程，使动作得以巩固、熟练从而达到更高水平。

第三，重视"发现式学习"和"问题解决式教学法"。在体育教学中要重视"发现式学习"和"问题解决式教学法"等学习方法，以提高学生发现问题和解决问题的能力，并不断提高学生对运动原理、运动学习方法的理解，提高体育教学的"智育"质量，并使

这种理性的认识成为学生终身体育实践能力的一部分。虽然体育教学与其他认知类学科在教学过程上有很大的不同，但体育教师仍然要注意遵循学生的认知规律来考虑体育教学过程，教师要事先将运动教材中的有关原理和知识进行归纳和整理，组成"课题串"和"问题串"来构建认知性的教学。

第四，开发有利于学生认知的教学方法与手段。要提高体育教学中开发认知的任务，就必须大力开发有利于学生认知的教学方法与手段。在教学方法层面，要重视对设疑提问、问题验证、学习讨论、集体思考和集体归纳等教学方法的开发。在教学手段层面，要重视对黑板、模型、计算机课件、学习卡片等提高学生认知的教学手段的开发，从而把运动技能学习和运动认知的提高紧密地结合起来。

六、在集体活动中进行集体教育原则

在集体活动中进行集体教育原则，指在体育教学中要发挥集体活动的作用，在集体中特别是在小群体的自主性活动中对学生进行集体教育，培养学生正确的集体意识和良好的集体行为。在集体活动中进行集体教育原则是依据体育运动以集体活动形式为主，体育学习依赖体育学习集体形成的特点以及体育学习集体组成、发展和分化的规律提出的。

体育活动以竞争、协同、表现为主要特点，这些特点又都与集体活动密切相连，且许多项目与集体作用很强的小群体联系密切，有些运动的比赛就是以 5~6 人的小群体的形式出现的，如篮球为 5 人、排球为 6 人、小足球为 5 人、健美操和艺术体操为 6 人组合等。因此，体育运动与集体形成有着天然的联系。此外，体育的教学不同于教室中的教学，受场地、器材和活动范围的影响，体育的学习形式也是经常以小组的形式来进行的，这使得体育学习方式也与集体形成有着内在的关联。

从体育教学目标来讲，对学生进行集体的教育既是学生社会化的要求，也是学生形成良好的集体行为参加终身体育锻炼的需要。因此，体育教学要充分发挥体育的集体教育因素，为学生未来参与社会体育打下基础。

第一，分析、研究、挖掘体育活动和体育学习中的集体要素。体育活动和体育学习中的集体要素很丰富，如："共同的目标""团队的意识""领导核心""职责的分担""规则的建立""共同的活动"以及"共同的活动场所"等。体育教师应该加强对这些要素的关注和研究，把这些要素有目的、有意识地组织到学生的集体活动和体育学习中，这就为学生的集体意识和集体行为的培养打下了基础。

第二，善于设立"集体学习"的场景。集体教育主要依据两个前提条件，一个是"共同学习的课题"，一个是"共同学习的平台"。"共同学习的课题"就是每个学生都关心、都具有学习欲望的学习任务，它可能是一个要解答的难题，也可能是一个关键的技术和战术学习，也可能是需要毅力或智力的练习课题，也可能是一个关系到小群体荣誉的比赛等。这样的课题的提出是凝聚学生集体意识和产生集体行为的关键因素。"共同学习的平台"就是小群体的组织构成和组织形式，但它不单是一个简单的分组，也不是几个人凑在一起的简单行为，它是建立在"共同的目标""团队的意识"等集体要素上的集体实体。"共同学习的平台"是学生集体意识和集体行为培养的载体和依托。

体育教学要贯彻在集体活动中进行集体教育原则，就必须通过教材研究挖掘那些有意义的、与运动技能教学联系紧密的"集体共同学习的课题"，还要通过教学组织方法的改进去有意识地形成各种有效的"集体共同学习的平台"，这样集体教育才可能落到实处。

第三，开发有助于集体学习的教学技术和手段。体育教学要贯彻在集体活动中进行集体教育原则，还必须有集体教育的技术和手段的支撑。现在国内外的体育教学中已经开发出有利于学生集体内、集体间交流的许多教学技术和手段，教学技术有：形成团队凝聚力的方法、集体讨论的形式、在全班面前的小组报告、小组内同学之间的相互评价等；而教学手段则主要体现在组内互动的媒介——"学习卡片"的开发和运用上。这些特殊的教学技术和手段为在体育教学中贯彻在集体活动中进行集体教育原则提供了技术上的保证。

第四，处理好集体学习和个性发展之间的关系。体育教学既要贯彻在集体活动中进行集体教育原则，还要注意发挥学生的个性，学生的个性发展和集体教育是相辅相成的。良好个性体现应是在集体的道德共识和集体的行为规范范畴内的个体创新，而集体也应是包容了各种被允许的个人思想和行动自由的群体集合。我们决不能一谈"集体教育"就否定那些合理的个性化的思想和行为，更不能一谈"个性发展"就纵容那些有悖于集体利益的不合理思想和行为的存在，要把"集体教育"和"个性发展"有机地结合在集体的活动和学习中。

七、安全运动和安全教育原则

安全运动与安全教育原则是指在体育教学中要使学生安全地从事运动的同时，对学生进行如何安全运动的教育。安全运动与安全教育原则是依据以剧烈身体活动和器械上身体活动为主要内容的体育教学所提出的，既是安全的难点，又是安全教育重点。

体育是以角力活动、非正常体位活动、剧烈身体活动、器械上身体活动、持器械身体活动、野外活动、极限探险运动等活动构成的。因此，体育是一项与危险同在的文化活动，初学者在学习这些运动时危险的因素就更多一层。为此，体育教学既有确保安全的难点，又有进行安全教育的重点。体育教学的"安全运动和安全教育原则"可以说是一个一票否决性的要求，如果一堂体育课在安全活动上具有重大隐患，那么其他方面设计得再周到也是失败的。

第一，时刻对学生进行安全运动的教育。要在体育教学中贯彻安全运动与安全教育原则，必须有广大同学密切配合。因此，体育教师要时时刻刻地对学生进行安全运动的教育，要让每个同学都绷紧安全的这根弦，组织专门时间讲解保证安全的知识和要领，教会同学们互相帮助的技能。

第二，建立与运动安全有关的安全制度和安全设备。对于一些比较危险的教学内容要制订严格的安全制度，限制那些危险部分的教学内容和教学手段；对于一些比较容易发生危险的体育设施要安装必要的保护装置和必要的警示标志，警示学生在自主性学习时要注意防范危险。

第三，在体育教学中要安排负责安全的学生干部。教师还要充分利用体育委员和其他学生干部共同防范危险，确保全班同学的运动安全。

第三节　我国体育教学理论的发展

一、我国体育教学理论的定位与演进

（一）我国体育教学理论的定位

1. 学科性质

学科性质是学术的分类特质，指一定的科学领域或一门科学分支的特质。对一门学科性质的认定，关系其在科学领域的归属和分类等许多重要问题。体育教学理论的学科性质问题，是这门学科得以确定的基本问题，体育教学理论之所以能够独立于其他学科而存在，就是由其特有的性质决定的。

按照目前体育教学理论已有的科研成果及社会科学对学科性质整体归类，学科的性质可以分为三类：理论科学、应用科学、理论兼应用科学。但是对体育教学理论的学科性质的界定，还不能简单地套用这三类。因为对学科性质的界定，还必须综合考虑这门学科的相关特点甚至相关的概念，同时受其他相关学科性质的影响。

体育教学理论作为教学论的分科教学论，它的学科性质要在综合教学论的认识基础之上，并且结合体育学科自身的特点，概括出体育教学理论的学科性质。体育教学理论不仅要有体育教学理论知识的教学，还要把这种理论应用到实践教学。因此，体育教学理论既要根据体育教学实践发展的需要，总结出各种类型的具体教学模式、教学策略、教学设计方法、教学技术等，还要在这些实践中总结、概括出普遍的规律，以便更好地指导理论教学。因此，体育教学理论定位可以概括为实践性很强的理论型应用学科。

2. 研究对象

任何一个学科的发展都应有一个核心领域，都有其特定的研究对象。特定的研究对象是一门学科产生和存在的客观依据。因此，明确体育教学理论的研究对象，是实现体育教学理论科学化的首要问题，对体育教学理论的学科建设与发展具有十分重要的意义。确立体育教学理论的研究对象必须把握以下方面：

（1）体育教学理论所确定的研究对象是客观存在的，但这并不是说体育教学领域中所有客观存在的都是体育教学理论的研究对象。

（2）区分体育教学理论概念的内涵与体育教学理论的研究对象。体育教学理论的定义是揭示体育教学理论这个概念所反映的对象的本质属性，体育教学理论的研究对象是指体育教学理论要研究什么。

（3）区分体育教学理论的研究对象与研究任务。体育教学理论是研究体育教学一般规律的科学，并不等于体育教学理论的研究对象就是教学规律。

（4）体育教学理论的研究对象是由它所要解决的特殊矛盾的任务决定的。要界定体育教学理论的研究对象，就要弄清体育教学理论所要解决的特殊矛盾是什么。体育教学理论之所以区别于其他学科，就是它是研究教与学的矛盾。因此，要抓住教与学这一本质的联系，也就抓住了教学研究的根本。

（5）区分体育教学理论研究的客体与研究对象。体育教学理论研究的客体是整体的体育教学活动，不能把研究的客体纯粹地等同于研究对象，因为体育教学活动这一客体是学校体育教学活动所指向的对象。

体育教学理论的研究对象是从体育教学中所要解决的特殊矛盾、体育教学的任务及教与学的问题出发，来研究体育教学活动中所面临和所要解决的问题。

3. 基本范畴

对于一个学科来说，基本范畴无疑是这个学科最基本的问题。诸如一个学科的基本属性、研究对象、研究方法等都可以算作这个学科的基本范畴。由于体育教学是一个复杂教育现象的统一体，因此，想弄清楚体育教学理论的研究范畴，也要从多方面来考虑。

体育教学理论研究的三个基本范畴：学生、体育理论与技术和媒介。在基本范畴的进一步演绎下，得出体育教学理论研究的内容体系。

（1）学生范畴表现出来的研究内容有体育教学过程中的主体性，体育教学过程中的主体、客体，及其相互间的关系问题，如何培养学生的主体性发展问题等。

（2）体育理论与技术范畴表现出来的研究内容有体育教学过程、体育教学内容、体育教学系统、体育教学规律与原则、体育教学方法、体育教学模式、体育教学组织形式等。

（3）媒介范畴所表现出的研究内容有体育教学过程的主体性、体育教学目标、体育教学环境、体育教学艺术、体育教学管理与评价等。这些研究内容构成了体育教学理论的学科体系。

（二）我国体育教学理论的演进

自 20 世纪 70 年代开始，我国体育教育迎来了一个新的发展时期。同时，社会各界都认识到体育教学思想的重要性，我国政府也对学校体育教学的基本任务进行了明确，即在增强和改善学生体质的同时，促进学生的全面发展。此外，我国政府在这一时期明确规定，各个学校应以自身特点为依据，开展多样化的体育活动竞赛。

20 世纪 80 年代初，由于受到国际竞技体育思想的影响，我国的一些学校尝试在开展体育课时以某一项运动训练为主，结果是大大提高了学生的体质。自此，竞技体育成为体育教学的重要指导思想之一。在这一体育教学思想的影响下，我国逐渐建立了竞技化的体育教育体制，促使学校在开展体育教学时日益重视运动训练，以发展学生的竞技体育能力，培养我国竞技体育事业所需要的人才。不可否认，这一体育教学思想为我国竞技体育人才的发现与培养产生了积极意义，但也存在过度强化学生的竞技体育素质、忽视学生体育学习兴趣的不足。因此，这一时期的学生在参与体育活动时，普遍存在积极性不高的情况。

为了改变学生参与体育活动积极性不高的情况，我国提出了快乐体育教学思想。快乐体育教学思想与我国提出的素质教育思想是相通的，即强调在体育教学中切实将学生当作中心，重视师生之间形成和谐的师生关系，让学生在体育学习的过程中能够获得快乐和成功的感觉，继而促进学生体育学习兴趣的提高。

在进入 20 世纪 80 年代后，伴随着体育教育的不断发展，产生了体育的整体效益论思想。该体育教学思想认为，在对体育教育进行认知时，必须涉及生物、心理和社会三个维度，即体育教育应促进学生身心的全面协调发展。

到了 20 世纪 90 年代以后，我国的经济不断得到新的发展，社会生活水平也有了大幅提升。在此影响下，新的体育教学思想不断出现，体育教学也随之得到了有效改革。其中，比较有代表性的体育教学思想有"以人为本"体育教学思想、"健康第一"体育教学思想、终身体育思想以及创新教学思想等。这些新的体育教学思想与我国新时期的社会发展现实和发展需要是相符合的，因而能指导我国体育教学不断取得理想的效果。

进入 21 世纪以后，我国学校体育教学改革仍在继续，新的体育教学思想理念也将不断涌现，从而推动我国体育教学的进一步发展与完善。

二、体育教学理论发展与研究趋势

（一）逻辑结构趋于科学化

"学科"必须在一定程度上反映"科学"的结构。"学科"的内容不是片断的、枝节的知识集合体。"学科"不能没有逻辑，而且"学科"的逻辑应依存于"科学"的逻辑。换言之，科学的逻辑框架在相当长时期内是相对稳定的，"学科"的内容应当依据这一框架加以厘定。一种教育理论是一种逻辑上复杂的结构，可以用大量不同的方法加以评价。就它包含经验判断而言，要受有关的经验事实的检查；就它包含价值判断而言，易受各种哲学论点的责难；就它是一种论点而言，要受内部的一致性的检验。假如某种教育理论经不起其中任何一方面的检验，人们就不会用它来指导教育实践。因此，理解一种教育理论和体育教学理论的逻辑结构是十分重要的。

要研究体育教学理论的逻辑结构，还要关注其学科性质，因为不同学科性质的体育教学理论就有不同的逻辑结构。学科可分为理论学科和应用学科，而体育教学理论学科定位为理论与应用为一体的综合学科。作为综合学科，它既要包含"描述—解释"的理论，又要包含"构想—规范"的理论。教育理论是一种实践性理论，它与描述性理论、解释性理论（后两种又称"科学理论"）在结构上有很大不同。

体育教学理论的学科逻辑结构应该趋向于在对体育教学理论"描述—解释"的基础上，即对体育教学理论相关概念、发展历程等的描述解释的基础上，对体育教学实践理论遵循目标假定、对象假定、内容和方法假定的逻辑顺序进行阐述，这就构成了体育教学理论的逻辑体系。

（二）教材体系趋于理性化

作为体育教学理论学科体系直接的反映，体育教学理论的教材体系发展呈现出理性化发展趋势。教材体系不仅从严格的逻辑出发组织教材内容，构建教材结构，强调教材的逻辑性，注重理性分析，力求把教学论知识囊括在严密的逻辑框架之内，而且兼顾了教材编写的规范。

1. 教材逻辑结构趋于科学化

体育教学理论教材内容的编排逻辑，一直是困扰体育教学理论研究者的问题，只有找到科学的逻辑线索才能解决这个问题。体育教学理论知识大致包括三个方面：①静态的"形而上学"知识；②体育教学进程的动态知识；③体育教学（理论）发展过程的动态知识。可以用"教学问题"作为"体育教学理论"的内容选择和组织的基本线索，因为体育教学问题既是作为科学问题提出来的，又是由已有的体育教学理论知识中整理总结出来的，实质上他们内在地统一了体育教学研究者的思维逻辑和学习者的认知逻辑。

根据体育教学理论学科的逻辑，结合"教学问题"作为内在的逻辑线索，并考虑到科学研究一般遵循从特殊到一般、从具体到抽象的归纳逻辑，具有长期性，而学生学习过程则普遍遵循从一般到个别、从抽象到具体的演绎逻辑，教材应当遵循学生学习过程的规律。

2. 紧密联系教材的编撰原则

教材编写改革已经是一种趋势。因此，我国体育教学理论教材的编写工作应适应教材编写的改革趋势，除遵守教材编写的一般规范，还应该把教材编撰原则的发展趋势纳入其中。

在编撰原则上应遵循：多元化视角——教材应有清晰的逻辑结构，以不同的视角来解析教材的逻辑；国际化视角——在编写教材时，应参考借鉴国外相关学科的经验；密切联系实际——引导学生掌握解决实际问题的途径和方法；遵循学习和认知规律——教材的编写应重视学生自学能力和理解能力的培养，教材应多采用大量的例证。

在教材设计与编排方面：前言或序言，不仅要介绍该书的特点、特色、再版时增补的具体内容和原因等，还要向读者交代该书的使用方法，有哪些教学和学习资料等；目录，除正常的目录外，还可提供详细目录、图表目录或专题目录；参考文献，可以设计成引导学生进一步阅读的导读书目，书目的编排也应注重方式。

（三）内容体系趋于整合化

1. 体育教学理论研究成果的整合

（1）已有内容的整合。体育教学理论在 20 世纪末出现了飞速发展，特别是在成为独立学科之后，其学科内容迅速得到充实。但体育教学理论的学科内容反映在教材中，出现了总结、综合前人或他人研究成果时概括层次不高，未能有机地纳入自己的体系的情况。

（2）对新出现的体育教学理论的整合。随着学校体育的快速发展，体育教学理论日新月异。体育教学理论作为一个开放的学科，学科的内容在不断地吸收、改造这些研究成果的同时，也在进一步提高抽象、概括水平，努力追求学科内容的整合。

2. 体育教学理论与课程论的整合

我国基础教育的新一轮课程改革，新课程要求教学的"动态化""人性化""探究性"，同时从课程目标、课程内容、学习方式、课程资源等方面提出了全新的理念，使得体育教学理论在处理教学实践时遇到很多新问题。在进行体育教学时，就需要思考采用什么样的教学方法、手段，运用什么教学内容来完成目标。

此外，随着课程论研究的深入，课程结构已突破了以往单一的学科课程的格局，课程形态日益多样化，潜在课程、综合课程、活动课程进入人们的视野。体育教学理论作为培养体育教师、研究教学理论的学科，只有整合课程论的研究内容，才能满足自身体系发展的需要。

3. 体育教学理论与学习理论的整合

随着体育教育研究的发展，体育学习理论逐步引起了体育教育研究者的重视。学习理论不管是对指导普通文化教学还是体育教学都起着至关重要的作用。特别是新课程改革，它要求教学要以学生的学习为主体，要求教师不仅要知道怎么教，还要了解学生的"学"到底是一个什么过程。换言之，就是不仅要知道教学理论的知识，还要知道学习理论的知识，更要能够把教学理论与学习理论密切联系起来应用于实践。因为只有了解了学生的学习是一个什么过程，才能更好地对他们实施教学，所以把体育教学理论与学习理论整合是很有必要的。

第二章 高校体育教学方法设计与革新

第一节 高校体育教学方法及其重要性

一、高校体育教学方法的内涵

（一）概念界定

教学方法指实现体育课程教学目标由师生共同完成的一切教学活动和教学方式的总和，它是由一系列行为组成的一个操作系统，具体包含了教师和学生两个层面的操作体系。我们可以从以下方面来对高校体育教学方法进行理解：

第一，体育教学方法是"教"与"学"的统一。好的体育教学方法是教与学的统一体，也就是说教师和学生之间只有通过相互的有效互动，形成一种沟通的桥梁，才能真正发挥出体育教学方法的作用和价值。

可以从两个层面来理解体育教学内容和相关的体育教学活动：一是教师的"教"；二是学生的"学"。教师作为教授知识的主体，其选用的教学方法和手段都是以学生为对象的，学生对于知识和技能的掌握及其理解能力的提升是教学活动开展的重要契机；对于学生而言，他们只需要紧跟教师的引导的步伐，积极参与学习和互动的实践，与教师建立紧密的沟通和联系，以获得更大的进步。只有将教与学切实贯穿于教学的整个过程，积极促进教师与学生之间的互动与交流，才能够真正实现体育教学任务和目标。

第二，体育教学方法是师生动作和行为的总和。体育教学方法的贯彻与实施需要师生之间的互动，互动又是通过语言、动作和行为来实现的，因此可以说体育教学是师生的语言、动作和行为的综合体。具体而言学生要掌握体育运动的理论知识或者是某种运动技能，都必须要经过体育教师的讲解、示范、纠正等动作的支持；在此基础之上，学生进行反复练习也是一种行为上的体现。

第三，体育教学方法的功能具有多样性。现代教育理念赋予了高校体育教学多样化和丰富化的功能。现代体育运动教学既关注运动技能的掌握、身体素质的提升，同时也更加强调学生素质的全面提升。

（二）层次系统

第一，教学策略。教学策略是教学方法的组合，是教师将多种手法和手段组合在一起进行教学的行为方式。体育教学策略的优劣主要体现在单元和课程的设计思路和方案的设计。例如，作为一种广义的教学方法，发现式教学法就主要是模型演示法、提问法、讨论法、归纳法等传统意义上的教学手段的有机组合。

第二，教学方法。在高校体育教学方法的层次系统中，教学方法处于"中位"，它与传统意义上的教学方法基本相同。是体育教师为达到一定的教学目标运用教学手法进行体育教学的行为与动作的总和。通过一种主要手法的运用来进行教学的行为方式。例如，提问法具体方法就是为检验学生对知识的掌握的状况，还可以激励学生积极参与课堂互动和对问题的思考。体育教学方法其实也是一门"技术"，通常应用某一教学步骤，而且会由于不同教师的教学风格的不同而呈现出不同的特征。

第三，教学手段。在高校体育教学方法层次中，处于教学手段"下位"的地位。它是传统意义上的教学方法的一个部分，我们也可以将体育教学手段理解为一种"教学工具"，也就是说在某一个具体的教学步骤中可能会采用各种教学手段来协助教学课程的顺利完成。

二、高校体育教学方法的重要性

"随着社会对大学生身体素质要求的不断提高，高校体育教学目标也开始从教授学生体育技巧向提高学生身体素质，培养学生体育锻炼兴趣方向发展。"[①] 高校体育教学方法的重要性不仅产生于教学活动的进行过程中，而且在教学活动结束之后的一段时期内，教学方法为学生带来的影响也是极为深远的，因此这是其他体育教学要素在功能上无法与之媲美的。

第一，合理的高校体育教学方法促进良好体育教学氛围的营造。科学合理的体育教学方法使得学生对于体育学习的积极性以及参与体育活动的积极性都可以大幅度地提高；通过适当的科学化的体育教学方法，可以对学生的学习的专注程度也会有所提升，这对于形成良好的学习气氛也是非常有益的。另外，良好的学习氛围能够更好地带动所有的学生一起投入体育学习，从而形成一种良性的循环，最终共同提高体育教学的质量。

---

①李兴龙.高校体育教学方法探讨［J］.魅力中国，2019（9）：280.

第二，合理的高校体育教学方法促进学生身心素质的全面发展。任何一种体育教学方法的产生必定是受到某种或某些科学思想或理论的熏陶与影响，因此可以说任何一种体育教学方法都具有一定的科学性与和合理性。基于此，要达到促进学生身心健康发展的目标，体育教师就需要对体育教学方法进行合理地利用以及科学地组合使用。如果采用的体育教学方法与教学内容或者与学生的实际情况、学校的教学设施等客观条件相背离的话，不仅不能够促进学生的学习能力的提升，而且还有可能会给学生的综合发展带来阻碍作用。

第三，合理的高校体育教学方法促进体育教学质量的提高。通过科学的体育教学方法，能够充分激发出学生的学习兴趣与热情，充分发挥出学生的学习主观能动性，这对于促进学生的学习效率和全面提高学生的体育教学质量具有积极的促进作用。

第二节　高校体育教学方法的类型划分

一、传统体育教学方法

（一）传统体育教法

1. 语言教学法

语言教学法，是指教师通过语言方式来描述体育知识、文化、动作要领、技术构成、教学安排等一系列活动要点的方法，学生通过对教师的语言的理解，逐步掌握知识的要点。

（1）讲解教学法。讲解教学法，是指教师通过讲解来展开教学活动内容。讲解法一般用于体育理论的教学，讲解教学体育教师需要注意学生所处的认知能力和知识水平。如果讲解的深度和难度超出了学生认知能力的范围，让大部分学生感到难以理解，则说明教师阐释的方式或者选用的教学内容不适合学生。讲解法的使用要点如下：

第一，明确讲解的内容和目标，讲解的过程要突出讲解内容重点和难点；讲解要有较强的目的性和针对性，也就是说在讲解之前就已经预设好讲解将要达成什么样的目标，以便于在讲解过程中对课堂的整体方向有所把握。

第二，保证讲解内容的准确性。教师要有科学严谨的教学态度，高度重视讲解内容尤其是体育历史文化、专业术语的解释、技能方法的描述要准确到位。

第三，注意讲解的形式要简单明了、生动有趣。任何繁冗拖沓、枯燥乏味的内容都容易让人产生厌倦的感受，因此教师要善于利用图片、视频与语言讲解相配合，同时采用多样化的表达方式，将知识点描绘得更加形象自然，加以肢体动作以促进学生对语言描述的理解。

第四，讲解要由表及里、易懂易学。对于同样的知识点不同的教师进行教学的效果往往会产生一定的差异，产生这种差异性最主要的原因之一就在于教师对于引导学生进行理解的方式。优秀的、有经验的教师往往更善于通过对比、类比、递推、递进式提问等形式来启发学生的想象思维和主动思考，促进学生对于知识的敏感性，能够发现知识之间的内部联系，并形成自我的认知能力和属于自己的知识体系，并且能够灵活地完成对知识要点的迁移。

第五，注重讲解的知识在逻辑上的先后顺序以及他们之间的内在关联性，以便于学生能够更快地完成对知识的掌握并形成较为稳定的知识体系。

（2）口头评价法。作为体育教学中的教学方法之一，口头评价是最为快速和直接的一种评价和提醒，它不拘泥于某个具体的时间点和地点，既可以在课堂中进行也可以是在一节课结束之后，体育教师对学生的学习和练习以及获得的学习效果进行简要的、概括性的点评。口头评价可以按照评价的性质分为积极评价和消极评价两种：积极评价是带有肯定、表扬和鼓励的性质的评价；消极评价是由于学生的表现不够理想，具有一定的批评和鞭策作用的评价。由于该评价是以批评的性质为主，因此教师要尤其注意沟通的技巧，注意措辞的方式，就事论事，既要让学生充分认识到自己的不足之处，又要保护学生的自尊心，不能打击学生的自信心，而是要让他们扬起更进一步的风帆，迎头赶上。

（3）口令、指示法。口令、指示的语言凝练，短促有力，因此在体育教学的实践中教师可以适当通过口令指示给予学生一定的知识，这种方式尤其适用于体育教学中的动作教学。口令和指示法的应用有以下要求：

第一，发令的声音要清晰、洪亮。教师应发音清晰、声音洪亮。

第二，注意使用口令法和指示法的时机。

第三，注意口令和指示发出语速和节奏，太快了学生跟不上，太慢了会削弱其力度和有效性。

2. 直观教学法

直观教学法是通过给予学生的视觉等感官以刺激来促使学生对体育知识产生深刻了解，直观教学法的优势和特点是直接、生动、形象，因此产生的效果往往也更具有震撼力和持久性。体育教学中有以下最为常见的直观教学法：

（1）动作示范法。动作示范法，就是指在体育教学中，教师通过对教学内容的动作示范，来帮助学生熟悉动作的结构和动作的要领，同时对该技术动作有一个整体上的、比较形象化的了解。动作示范教学法的使用要点如下：

第一，明确示范目的。在示范之前，要明确示范的目的是什么，通过动作的展示，要使学生达到什么样的学习效果。进行动作示范之前，要知道示范的目的是什么，要展示什么。

第二，动作的示范要标准连贯。因为教师的演示就是学生学习和模仿的参考，所以教师的示范必须要正确，否则一旦学生形成错误的动作习惯，对其的后续的学习会带来许多麻烦与不便。

第三，注意要选择合适的示范位置和角度。这样做的主要目的是要使所有的学生都能清晰地观察到动作示范，从而对技术动作产生一致性的、准确的理解和认识，为了实现该目标，教师可以选择从多个角度来进行多次示范等方法。

第四，将示范应与讲解相结合。通过示范、讲解两种方式的配合，调动学生的听觉、视觉和触觉等多个感官的功能，使学生对于技术动作有更为深刻的理解和认识。

（2）教具与模型演示。利用教具和模型等实际物体来辅助体育的教育教学，使学生对于技术结构的理解会更加的简便和轻松。教具与模型演示的使用要点如下：

第一，根据教学内容，需要提前将教具和教学模型准备好。

第二，教具、模型的展示要全面到位。尤其如果是对器材进行具体介绍和讲解的时候，可以让学生近距离地观察和体验。

第三，使用过程中要注意保护教具与模型，使用完之后要小心地收纳到指定容器内，并放置到安全的地方以防损坏。

（3）案例教学法。案例教学法就是在体育教学中用反面对比和类比等方法来列举例子，让学生能够更好地理解所教授的内容。案例教学法有如下的具体要求：

第一，例子的选取要适合，确保能够产生目标要达到的加强、对比等方面的作用。

第二，选取有关战术配合的案例时，其案例的分析要尽量详尽一些，并且要注意从攻和守两个角度来进行分析。

（4）多媒体教学法。多媒体教学方法在现代体育教学中的使用越来越广泛，与传统的板书教学最大的区别和优势在于：多媒体教学可以形象生动地将教学内容展示出来，通过动画和视频演示、慢放和定格等操作，可以将每一个动作的每一个重点和细节都精准地定位、展示和分析，从而使学生对动作技术有更加快速、清晰、深刻的认识，这是传统的肢体示范和口头讲解都无法实现的。多媒体教学法的运用需要多媒体教学设备等硬件条件的支持，也需要教师具备多媒体操作技能作为软件方面的支持。

3. 完整教学法

完整教学法在体育教学中有着较为广泛的应用，其主要应用于教学实践课，重点强调体育教学过程中要完整地、不间断地对整个技术动作的过程进行展示，使学生从整体上产生对动作的整体概念和印象。完整教学法在体育教学中的应用，有以下要点需要引起注意：

（1）完整展示要及时。也就是说在通过语言讲解之后，要尽快进入整体展示的阶段，保持学生在认知上的连贯性，在语言讲解和整体展示的连续的、双重作用下，促进学生对技术动作有一个正确的把握。

（2）前期的动作练习要适当降低难度。对于难度系数稍大的动作，教师可以先降低动作的难度和要求来引导学生完成完整的动作流程，然后逐渐增加难度，待学生比较熟悉动作流程之后再按照标准动作的要求来完成整个动作的学习和练习。

（3）要对动作的各个要素进行全面的解析，而不是仅仅局限于将动作连续地展示给学生看。这里的动作要素主要包括动作的发力点、支撑点、用力的方向、大小以及所有影响动作标准的细节因素。

4. 分解教学法

分解教学法是与完整教学法相对的，更适合于高难度的运动项目。分解教学法的主要优势分步教学，将原本很复杂的动作变得更容易理解和模仿，从根本上降低了技术动作的难度。具体来说，分解教学法的应用，需要注意以下方面：

（1）学得选择技术动作的分解的节点，不要破坏整个动作的连贯性。

（2）注意依次教学和加强衔接练习。对于分解后的各个部分要按照其先后顺序进行练习，之后还要将各个环节的衔接处结合到一起，并对此做专门的强化练习。

（3）将分解法和整体法相结合运用，可以获得更好的教学效果。

5. 预防教学法

学生的体育学习和教师的体育教学一样也是一个开放性的过程，因此其受到各种因素干扰的可能性较大。除此之外，学生的理解能力、认知水平、身体的协调性和体能素质等各方面的条件也存在较大的差异性，要求所有的学生都能够迅速掌握体育知识和动作的要领显然是不现实的。在学习的过程中学生不可避免地会出现各种各样的错误，这就要求教师要注意观察学生的动作练习的情况，总结出其中的规律性，指出错误发生的根本性原因并予以纠正。预防教学法正是针对学生的错误认知、错误动作这种现象而提出的一种具有预防、阻断效果的教学方法。应用预防教学法有以下要求：

（1）体育教学中，在前期讲解过程中要不断强化正确的认知，并对易于出错的地方予以强调，避免对动作的理解产生歧义和不正确的认知。

（2）教师在正式上课之前要对可能出现问题的地方进行预估，然后设计出一套比较完善和高效的解决方案，这样可以节约上课时间，提高教学效率。

（3）可将口头评价的教学方法综合运用到实际的教学过程中，提示学生在关键的时候不要犯错误。

6. 纠错教学法

纠错教学方法是指在实际的教学过程中教师发现了学生发生了在理论认识和动作练习上的错误之后及时纠正的一种教学方法。其中动作错误主要体现在对于动作理解上的偏差而导致的错误，或者是由于不够熟练，达不到标准的技术动作，针对不同的情况教师要对此加以分析采用不同的引导方式。纠错教学法有以下具体的应用要求：

（1）纠错时，要反复重申正确动作的关键要点，要使学生真正明白错误动作产生的原因在哪里，这样才能帮助他们及时改正，而且不会出现反复重犯的现象。

（2）必要的时候，可以使用一定的外力帮助学生对于技术动作形成正确的本体感觉。比起预防性的措施，纠错具有较强的针对性，因此教师必须要能精准分析错的源头，才能给出最为合理和有效的解决方案。

7. 游戏教学法

游戏教学法指教师通过游戏娱乐的方式促使学生对体育知识要点的掌握。该教学方法应用比较广泛，可用于各学习时期尤其适合于低龄的学生。其最大的优势在于可以极大地调动学生的学习积极性。在进行游戏教学法的过程中，需要注意以下方面：

（1）注意游戏的设计其所涉及的行为方式、思维方式都应当与所教授的内容具有较高的相关性。

（2）游戏的设计和选择要注意学生的兴趣和偏好。应选择学生感兴趣的内容、方式。

（3）在游戏开始之前，教师要讲清楚游戏的规则和游戏的目标是什么。注意游戏规则、目的的讲解。

（4）在开展游戏的时候，鼓励学生要尽力而为，队友之间要形成良好的合作。

（5）在游戏过程中，教师要扮演好监督的角色，对于犯规的学生要给予一定的惩罚。

（6）游戏结束后，体育教师要问问学生的感受如何，同时对学生的表现给予中肯全面的评价。

（7）在整个游戏教学的过程中教师要提醒学生注意安全，提醒并禁止具有安全隐患的行为。

8. 竞赛教学法

竞赛教学法就是通过组织各种比赛来促进体育教学的一种方法。竞赛教学法可以提升学生各方面的综合能力是一种比较理想的训练方法和教学方法。比赛可以增加学生运动技能的实践经历，使得那些高难度的动作和技战术不是纸上谈兵，同时还可以锻炼学生的团队协作能力，以及面对突发状况的心理调适能力和应对问题的能力。竞赛教学法是体育教学当中具有特殊优势的一种教学方法，对于提升学生的心理素质，竞技水平以及他们的身体素质都有着不可取代的重要作用。关于竞赛教学法，其应用，有如下注意事宜：

（1）具有明确的目标。一般是通过竞赛提升学生相关运动项目的技能水平。明确竞赛目的。通过足球运动竞赛切实提高学生的足球运动技能水平。

（2）合理分组。各个对抗队的人员实力要处于不相上下的水平，这样才能通过激烈的竞争获得共同的提高。

（3）客观评价。教师要密切关注学生在竞赛过程中的表现，既要从整体上把握，又要看细节的处理，只有做到这一点才能给学生以最客观和中肯的评价，从而使学生能够清晰地意识到自身的优势和不足，促进他们获得进一步的提升。

（4）竞赛教学法的前提条件是学生对于运动项目有一定深度的理解，并且已经熟练掌握相关的技术动作，这样可以有效避免出现由于不熟练带来的运动伤害。

对于每一位体育教师而言，不能仅限于某一种教学方法，而是应当不断地尝试和学习新的教学方法，并结合教学的实际情况科学、灵活地选择和组合。这样可以显著提高体育教学的质量。

（二）传统体育学法

1. 自主学习法

自主学习法是指学生主动发现、分析、探索，独立自主地进行体育学习的方法，但这并不意味着学生可以完全脱离教师的指导，而是要在教师一定的引导下开展的自主性学习活动。体育教师指导学生进行自主性的体育学习，应当要注意以下方面：

（1）难度要适当。由于是自主性学习，学习过程以学生自己思考与探索为主，这对于学生来说并不是一件轻而易举的事，因此教师要注意根据学生的年龄阶段、认知特点，为学生选择难度适当的学习内容，保证具有一定的挑战性，但又不至于无法完成。

（2）明确学习目标。教师要为学生的及自主学习制定一个清晰的学习目标。通过这个学习目标，学生要清楚地知道自己要完成的任务是什么，通过自主学习学生需要解决哪些问题，以及要达到什么样的水平。

（3）学生要参照学习目标，在学习过程中学会自我调控，①对学习过程有一个整体的把握；②学会积累各种学习方法，并思考学习方法与运用场景之间的联系；③有创新思维，在对具体情境进行较为客观的基础上将已有的知识进行迁移和组合，从而创造出专属于自己的新策略。

（4）教师要对学生的自主学习给予适当的辅助与引导。学生的自主性学习并不是放任不管的无组织的学习，相反它更是一种有计划、有目标的学习过程，在这个过程当中教师要关注学生的学习进度，如果出现不妥当的情况，学生的学习路径或思考方式与学习目标发生偏离就需要及时给予纠正。

2. 合作学习法

合作学习法就是指在学习的过程中国强调合作的重要性，强调学生之间的相互帮助和配合，通过合理地划分工作任务和相应的责任，最终能够共同圆满地解决问题，达到学习目标和任务。达到教师所设定的学习目标，完成教师布置的学习任务。

（1）确立学习目标，通过该合作式学习预期要达成的效果是什么。要重点培养学生在哪方面的能力。

（2）将全部的学生分成实力相当的小组，依据任务特点，注意将不同性格、性别、特长的学生的合理搭配，以促使学生之间相互取长补短。

（3）确定小组研究课题，引导学生合理地进行组内分工，并探讨如何提高全组的学习效率。

（4）完成小组学习任务。

（5）各个小组之间进行学习和交流，分享各自的经验的心得，通过交流和分享各个小组可以相互学习，发现自身优势和不足。

（6）教师关注、监督和评价学生学习的过程，并帮助学生一起做好学习的总结。

（三）传统体育练法

1. 重复训练法

重复训练法就是通过不断重复进行某一个训练内容来提高身体素质和运动技能的一种体育学习方法。重复训练法的核心和本质就是通过重复性的动作使得某一固定的运动性条件反射不断地得到加强，使得身体产生一种固定的适应机制，进而使学生实现对技术动作的掌握。

一般来说，重复训练法有两种分类方法：一种是按训练时间的长短，分为短时间重复训练法（低于30s）；中时间重复训练法（0.5~2min）；长时间重复训练法（2~5min）。另一种是按照期间间歇方式来划分，分为间歇训练法与连续重复训练法。

重复训练法的应用要求如下：

（1）同一动作的反复练习容易使学生产生枯燥和厌倦之感，因此教师要关注学生的情绪的变化，并适当地给予调节。

（2）注意训练动作的规范性，同时还要注意训练的负荷。

（3）强调技术动作的正确练习，如果学生连续出现错误动作应停止练习，防止错误强化。

（4）科学确立学生训练负荷、强度和频率，要依据运动项目的特征和学生的实际情况来设定。

2. 持续训练法

持续训练法就是无间断地、持续地进行某项身体练习的训练方法，其前提要求就是要保持一定的负荷、强度和运动的时间。

持续训练法的分类方法可以根据训练持续时间来划分，分为：短时间持续训练法、中时间持续训练法与长时间持续训练法。

持续训练法的应用要求如下：

（1）持续训练法，既可以用于单个技术动作也可以用于组合性的技术动作。

（2）在训练开始前，应向学生介绍具体的训练内容及其顺序安排，同时提醒需要注意的要点。

（3）持续训练过程中，体育教师要提醒学生注意训练动作的质量，并对动作的质量作出具体的要求，这样才能使持续训练获得比较好的效果。

3. 循环训练法

当训练内容较多的时候可以采用循环训练法。其具体操作就是将这些训练的项目先按照一定的原则进行排序，依次完成之后回到最初的任务开始训练，不断重复所有训练内容。循环训练涉及不同的训练内容，因此在一定程度上可以增强学生对于体育学习的积极主动性。

循环训练法，可以按照运动负荷和训练的组织形式来划分。

按照运动负荷，分为：①循环重复训练法，各训练站点之间间歇时间没有严格规定；②循环间歇训练法，各训练站点的间歇时间有明确规定；③循环持续训练法，各个训练站点之间是连续性的，几乎没有间歇时间。

按照运动负荷，分为：①流水式循环，按一定的顺序一站接一站地周而复始；②轮换式循环，各学生在同一时间点上练习的内容不一样；③分配式循环，先在站中练习，然后依次轮换练习站。

循环训练法的应用要求如下：

（1）找出各个训练内容之间的内在逻辑和规律，合理安排他们之间的顺序。

（2）训练不能急功近利，而是要循序渐进，一般情况是先练一个循环，坚持训练两到三周再增加一个循环，这样学生就有一个适应的过程。

（3）注意一次训练不得超过 5 个循环。

4. 完整训练法

完整训练法，指在整个训练过程中只完成某一个动作、某一套连贯动作或者某一个技术配合，其最显著的特征是整个训练过程流畅自然、一气呵成。完整训练法的应用要点如下：

（1）完整训练法比较适合于单一技术训练。适用于单一技术训练。

（2）如果是针对复杂的技能训练，就需要学生具有良好的基本技能的基础。

（3）在战术配合的完整训练中，教师要在战术的节奏、关键环节的把握等方面作适当的指导。

5. 分解训练法

分解训练与完整训练是相对而言的，是从训练内容的各个阶段和环节出发，对其中的每一个部分做精细化的研究和训练，并做到各个击破，最后达到整体掌握的目的。

分解训练法可以分成四种：①单纯分解训练法，把训练内容分解成若干部分，然后分别练习；②递进分解训练法，把训练内容分解成若干部分，依照规律有序练习；③顺进分解训练法，训练内容分解后，先训练第一部分，再训练第一、第二部分；再训练第一、第二、第三部分……步步为营；④逆进分解训练法，与顺进分解训练相反，先训练最后一部分，再将前一个训练内容叠加训练。

分解训练法的应用要求如下：

（1）科学分解，对于浑然一体联系紧密的部分不能强行割裂。

（2）对各个部分要做精细化的研究，以便于达到训练动作的精细化、标准化。

（3）熟练掌握各个分解部分之后，要进行完整练习加以巩固。

二、新型体育教学方法

（一）娱乐教学法

增强学生体质是学校体育教学积极效应的重要方面，但是在现实的教学过程中，仍然有相当一部分学生对体育课堂的学习显得不感兴趣，所以不能积极主动地参与到体育活动当中来。

因此，为了激发出学生对体育课的兴趣，更好地焕发出体育运动本身具有的独特魅力，就必须要改变过去单一的教学形式，积极采用娱乐教学法，重新编排和组织体育教学内容；在娱乐教学过程的设计上，体育教师也需要下功夫，积极探寻每一堂课教学内容当中的娱乐性成分和娱乐性元素，或者考虑如何将娱乐性元素如游戏、音乐、竞赛、趣味性道具的使用等穿插到体育教学过程当中。这样的做法会给教师的工作带来一定的负担和压力，但可以充分展现出体育教学内容的丰富性和趣味性，只有当学生的学习兴趣提高了，学生的学习效率就会随之得到提高。与此同时，在该方法的使用中要避免走纯娱乐的另一个极端，如果失去了培养学生强健体魄和学习能力的本质任务的把握，那将是得不偿失的行为。

（二）成功教学法

成功教学法就是按照学生的接受能力，将教学的技术动作的精华部分提炼出来，适当降低其整体的难度，鼓励学生凭借自己的意志力和理解能力顺利完成动作的学习。在该过程中，学生通过对技术动作的顺利完成体会到成功给自己带来的舒畅感和快乐感，这是任何外来的鼓励都无法比拟的。由此，学生对于体育学习的信心大增，坚信自己可以学习好其他的体育运动技能。

在一些对于体育学习丝毫不感兴趣的学生的了解中，发现相当一部分学生是由于自己的体育运动的表现不够好，与其他同学比起来差距较大，由此内心对体育课程的排斥心理就越来越严重，而通过成功教学法可以重新燃起学生对于体育学习的信心，培养他们坚韧不拔的意志品质，形成正确的学习动机，这对于运动技能的提升是非常有益的。

（三）逆向思维教学法

逆向思维教学法是指以与常规思维相反的思维方式来开展教学活动的一种教学方法，从常规的思维角度来说，教师一般都会比较习惯按照技术动作自然发生的顺序来进行体育教学，但有时候按照反常的程序来教学反而可以取得更好的教学效果。例如在跳远的教学中，可以先教起跳，然后教助跑和落地动作；标枪的学习，可以先教投掷动作，再教助跑，最后将各个部分组合到一起，做完整练习。此类教学有一个共同点就是把最难的部分放在最前面来学习，因为这部分动作的正确与否对运动项目的比赛成绩起到决定性的作用。

在体育教学实践中，教师经常会发现学生总是学不会一个看似很简单的动作技能，尤其是当这种问题呈现出普遍性特征时，教师就需要用逆向思维来看待这些问题，因为很有可能问题不在于学生的"学"，而在于教师的"教"，如果教师能够及时地反思教学中，是哪个环节出现问题还是整个教学方式的选用不适合。这种"反思"其实也是逆向思维教学法的一种体现。

（四）探究教学法

探究教学法就是指教师着意引导学生在教学过程中发现问题、分析问题，最终提出可行性方案而解决问题的一种教学方法。通过该教学方法，学生在探索和分析的过程中，不知不觉地掌握了相关的知识和技能，同时培养出了高超的洞察力和知识迁移的能力。探究教学法符合现代教学教育理论以及以学生为主体的教学理念，因此越来越受到体育教师的重视。在探究教学法的应用过程中，要注意以下问题：

第一，目的要明确。教师要提前确认研究计划，确保体育教学目标的实现。探究的目标模糊或者实际的教学与探究的目标相背离，会造成无效的教学，浪费师生的时间和精力。

第二，探究的内容和主题，要和学生的运动水平以及他们的认知能力相一致。教学内容太简单，学生会感到没有激情和挑战性，继而产生无聊的感觉；内容难度设置太过于高深，又会打击学生对于体育学习的自信心。因此教师要深刻理解这一点，引导学生做难度适中的探究性学习。

第三，对于一些难度偏大的探究性客体，学生通过努力仍然没有较为理想的思路时，教师要适度地启发和鼓励。

（五）微格教学法

微格教学法指的是一种为了将枯燥的体育理论知识变得形象生动更具有吸引力，而采用一定信息化技术手段的教学方法，具体而言就是利用录像、音频等手段建造一种可操作可调控的体验系统，学生通过该体验系统进行体育理论的学习，可以对体育知识和动作技能产生清晰明了和感性深刻的认识，从而大大提高他们的体育运动技能。在体育教学中，使用微格教学法的具体步骤如下：

1. 提前准备好课件

教师需要在上课之前课前对视频进行剪辑处理，并制作成教学课件以应用于体育教学，将信息化技术应用于体育教学可以使得教学内容更加丰富和形象，这对于调动学生的学习主动性具有积极的促进作用。

教师在讲解了基本体育理论知识之后，将视频或音频课件向学生展示出来，通过这些具有感性化的视听材料，学生对于体育知识和动作技能的理性认识会逐步加深，从而可以从根本上提升学生的体育运动技能。例如在篮球技术的教学过程中，教师可以在上课之前搜集一些著名的篮球明星是如何完成这些技术动作或者战术配合的，然后将其剪辑成教学课件，学生通过这些是视频，便于对技术动作的深刻理解，加上是有关自己敬仰的篮球明星的"示范"，这对于提高他们的信心和信任度都是极为有利的。

2. 以学生为主体，安排教学内容

教学内容要考虑到的学生的发展方向以及关注学生本身的兴趣所在。一方面，微格教学在教学内容的选择上应当要有针对性，要着重培养学生将来的专业或岗位所必需的素质和能力；另一方面，教师也要注意学生的时代特征和个性化特征，尽量选择具有典型意义和在学生群体中普遍受欢迎的体育教学内容。与此同时，体育教师还要注意在体育教学过程中给学生留下一定的思考的时间和空间，引导学生作进一步思考和探讨，让学生在和谐、温馨、互助的学习氛围中感受到体育学习的乐趣和意义所在。

3. 视频播放和反复训练交替进行

（1）在进行教学示范时，教师可以通过高水平运动员的示范录像，方便学生形成技术动作的感性认识以便于模仿训练。

（2）老师在采用微格教学法时，还可以结合多种体育教学法，比如选择用直观教学法和分解教学法，可以强化学生对于体育技能的理解和训练。

（3）老师安排学生进行训练，当完成一个阶段的训练之后，教师安排所有的学生分批进行演示，同时拍摄演示的视频。

（4）师生一起观看学生的演示视频，针对各个小组和队员的动作技能演示情况，师生一起展开分析和讨论，然后教师要对学生训练的结果作出客观的评价，指出训练过程中出现的错误动作，并及时纠正。

微格教学法用于体育教学还有一些需要注意的细节问题：在教学过程中，体育教师可根据体育教学的实际情况选用慢镜头或者回放，以便学生能够看得更加清晰明了；通过自己的演示视频，学生可以自行将其与标准动作作比较，从而很容易就找出自己的问题所在；通过师生评价以及教师的指导，学生可以在分析和比较中，找出问题的原因所在及其解决办法。

课程结束后，体育教师可以反复观看教学的视频，对教学过程中的不足之处进行优化，同时通过微格分析处理也可以达到一定的优化效果。

（六）情景教学法

情境教学法是指在教学过程中，教师有目的地引入或创设具有一定情感的、形象化、具体化的场景，能够引起学生一种积极的反应态度，并吸引他们自觉投入，积极参与学习活动的一种教学方法。情境教学法的主要优势是，可以促进学生对于教材的理解，促进学

生的健康心理素质的形成；激发出学生对于体育学习的热情，从而主动、快速地接受教师教授的知识，同时学生的学习效果也会获得较大幅度的提升；情境教学法还可以使学生体验到体育学习带来的快乐和成就感，而且情境教学法多与多媒体教学法相结合，丰富多彩的多媒体画面还可以提升学生的审美情趣、陶冶高尚的情操。体育教学中情境教学法，可以采用以下策略提高教学的效果：

1. 充分利用游戏

爱玩是孩子们共同的天性，要让学生学习好的前提是要让他们痛痛快快地玩好，再加上体育教学是以身体活动为主要内容的教学，这无疑在客观上为学生的"玩"提供了较好的机会。因此，在体育课堂必须要充分注意体育教学的娱乐性，在创设具体的教学情境时可以适当引入多样化的游戏内容，激发出学生的学习兴趣，激励学生在体育学习和练习的过程中克服各种心理障碍，学生在挑战成功之后将会逐渐形成稳定健康的体育价值观，从真正意义上体育课和体育锻炼。

比如在障碍跑的课程学习中，经常会有学生由于胆子小、害怕磕绊、害怕摔倒，不敢进入实战阶段，导致课堂无法顺利进行。因此，针对该情况，教师可以在障碍跑的终点处设立一个领奖台，鼓励学生为了拿到奖品努力克服面前的困难。在游戏结束后，对于那些能够克服心理障碍、努力达到目标的学生，教师要予以表扬，对于不够规范的动作要及时纠正，通过这样的方法，学生的克服困难的能力得到锻炼，参与积极性得到提高，同时他们动作的准确性也得到了提高。

2. 情境创设与音乐相结合

音乐、体育和美术是相通的，这主要是说他们都具有一定的艺术性，具有较高的美学内涵。尽管如此，在实际的体育教学中，这一点好像经常被遗忘了。情境教学就是体现体育教学的艺术美的最好的方式之一，同时也要注意到将音乐等元素引入到情境教学可以发挥出情景教学的实际作用。

同样的训练内容没有音乐和加上音乐的配合获得的教学效果是完全不一样的。有音乐配合的体育训练，使学生置身于音乐美的环境中，此时的体育训练不再是一种负担而是变成了一种美的享受。此外音乐的选择也很重要，在身体训练时可以选择激情一点的音乐，促使学生保持较好的精神状态；当训练完毕需要休息的时候则应当选择一些比较舒缓放松的音乐，使学生的身体和心情得到全面的放松和休息。

3. 运用语言创设教学情境

在传统课堂，也有教学情境创设，并且也获得不错的效果，这主要是因为课堂语言具有独特的魅力，体育教师可以通过生动的、丰富的、具有鲜明特色的语言表达方式和风格将教学内容故事化、情节化、夸张化，语言表达中的情境，同样可以给学生带来美好的学习体验。

因此，在体育教学的过程中，教师要记得语言也可以创造出有意思的、独具一格的教学情境。同时，体育教师也要注意转变固有的思想观念，不断创造出具有新意的情景教学模式，从而促进体育教学事业能够不断地向前发展。

（七）分层教学法

分层教学法是指在实际的教学中，由于学生的学习基础以及自身的认知能力处于不同的水平，故而设定不同层次的教学目标和教学任务，以防止有的学生"吃不饱"而另一部分学生又学不会的现象出现，同时还可以大大提高整体的教学水平。因此，分层教学法极具针对性，是一种非常有效和实用的一种新型教学模式，所以我们要对传统的教学模式进行改革，适时运用分层教学法，这样才能有效提高体育教学的整体水平，促进学生迅速、全面、健康地发展。在体育教学中使用分层教学法需要注意以下方面：

1. 对教学对象进行分层

在分层教学法中，首要任务就是将所有的教学对象进行科学合理地分层，要实现这一点，教师可以通过体能测试等办法来了解学生的综合体质，还可以通过问卷咨询、实际练习和竞赛的方式来测定学生的运动技能水平层次，只有对学生的情况都考察清楚并以此为依据来才可以对学生实施分层教学。在分层教学的过程中也要注意观察学习的进度以及学生对知识和技能的吸收情况，同时还要和学生保持沟通，倾听学生的心声，及时调整教学的方案。当然也可以按照其他要素和标准来分层，比如学生的兴趣爱好等，只要运用得当同样也可以获得不错的教学效果。

2. 对教学目标进行分层

教学目标为体育教学提供重要的指引作用，制定科学化的教学层次目标可以激发学生的学习动力，还可以有效提高学生的学习效率。如果教学目标设置难度过低，学生就会觉得毫无吸引力，感到枯燥无聊，注意力也无法集中；教学目标如果设置过高，学生就有可能无法跟上教学的节奏，最终也达不到预期的教学目标，严重的话还会打击他们对于体育学习的自信心。

因此，体育教师一定要注意教学目标的科学分层，这样各个层次的学生都能够展现出比较理想的学习状态，促进他们在各自所处的层次水平尽自己最大的努力，最终实现共同进步。

3. 对教学内容进行分层

教学内容的合理分层对于教学目标和教学任务的完成具有重要的意义，也是有效提高教学质量的关键性因素。对教学内容的分层，主要体现在教师要根据学生的不同的情况安排不同难度和种类的教学内容。教师需要根据学生的身体情况和自身技能接受能力进行合理的设置，比如说对于身体素质较好的、运动技能水平较高的学生可以适当提高其学习内容的难度，这样可以激发学生对知识的探索欲，以帮助他们达到更高层次的学习境界；对于基础较为薄弱，身体素质偏差的学生，可以分配一些较为简单的练习内容，主要目的是逐步提高其体能素质水平，同时还要使其保持学习的兴趣和信心。

由此可见，通过安排分层式的教学内容，可以促进每一位学生都获得相应的进步，从而可以提高整体的教学的效果。

（八）对分课堂教学法

"对分课堂"是一种教学课堂的新模式。"对分课堂"的核心思想是把一堂课的总时长一分为二，一半用于教师的讲解，另一半由学生自由讨论和自主探索学习。后面的一半时间强调的是学生的自主学习和相互交流，突出了讨论的重要性，这样可以发挥出学生的学习潜能和积极性，自主完成对知识和技能的深化理解，"对分课堂"的应用不仅可以降低教师教学负担，还可以提高教学质量，改善教学效果。实施对分课堂教学法需要注意以下要点：

第一，对课堂时间的合理分配和利用。对分课堂最关键的要点就是要将教师的讲授和学生的交互式学习分开，而且要保证在这两个阶段的中间要安排一定的时间让学生将教师讲授的知识要点和动作技能消化吸收。所以有人将对分课堂称之为 PAD 课堂，这是因为其具有 PAD 这个界限清晰、相互分离却又相互联系的三个过程，即为讲授、内化吸收和讨论。

第二，对学生进行合理分组。在划分讨论小组的时候教师要注意尽量使各个小组实力均衡，男女生比例要合理搭配。因此在分组之前体育教师对学生的基本情况要做一个详细的了解，既要保证各组实力相当，也要注意任务分配的均衡性，这样一来体现各组之间的公平竞争，制造出一定的悬念，激发学生学习的动力的潜能，男女生的合理搭配，在完成任务的过程中还可以起到性别特性互补的作用，使体育课程更有激情，也能产生更好的学习效果。

第三，宣布任务之前要做好引导和启发的工作。也就是说教师在布置一个具体的任务之前要对任务的要求进行详细的讲解，并启发学生学习讨论的思路，促使学生对学习任务有比较全面和深刻的理解。体育教师要让学生对整个学习的重点和难点都有所了解，同时也要对本次课程的目标和内容也有所把握，让学生在相互沟通、交换意见之前先想一想如何才能够更好地实现任务目标。

第四，给予学生平等的表现自我的机会，同时要注意要让所有的学生都能够清楚地观察到他们的展示。通过随机抽查和预先制定的量化标准，基本可以对对分课堂的实际学习效果作一个客观公正的判定。主要环节设置合理，学生的表现遵循流程安排，一般的话可以获得比较理性的效果，但是不能排除会有个别的小组偏离主题，教师要及时指出来，并给予合理化的建议。通过同时学生发言，不仅可以锻炼发言人本人的表达能力，教师还要注意引导全体学生一起分享其中的闪光点，让学生从别人的优秀表现中得到相应的启发，从而赋予了学生的自我展现以深刻的意义。

在对分课堂教学中，体育教师要提醒学生在开展讨论的过程中要以主题内容和教学目标为中心，以防止剑走偏锋，脱离主题而造成无谓的损耗。也就是说教师要主动承担"总导演"等角色，为学生提供适当的指引和指导，以提高学生的学习效率。

第三节　高校体育教学方法选择与革新

一、高校体育教学方法的选择

目前，各个学校在开展体育教学时所采用的方法十分丰富多样，且各具特点。要想将教学方法的价值真正发挥出来，各个学校体育教师就一定要重视对于教学方法的选择。具体来说，学校体育教师为体育教学挑选方法的标准主要有以下方面：

（一）根据教学目标选择

根据教学目标、教学任务的不同，教学方法在选择上也会存在一定差异性。目前各个学校体育教师为体育教学选择教学方法的主要依据是体育教学目标。具体来说，体育教师在基于体育教学目标来选择体育教学方法时，需要注意如下事项：

第一，体育教师一定要基于体育教学的总目标，来选择体育教学方法，以此来确保不管是每次课的教学目标还是总体教学目标在最后都能实现。

第二，体育教师在选择教学方法时，一定要基于本次课的教学目标，来选择合适的教学媒体以及方法。

第三，体育教师在选择教学方法时，一定要注意将教学目标进行细化，据此对于教学方法加以确认，最终确保每一个小目标在最终都能实现。例如，出于组织学生对于课堂所掌握的体育技能进一步加以巩固，体育教师可对应地采用练习法、比赛法等。又如，出于引导学生学会新技能的目标，体育教师应该多运用讲解、示范、分解、模仿等教学方法。

第四，在当代社会，体育教学总目标为"促进学生体魄强健、身心健康"。学校体育教学在选择方法时也因为基于此进行，决不能只为一时的收益，而放弃长远利益。

（二）根据学生特点选择

体育教学所面临的群体主要是学生。如果没有学生，体育教学将会失去其存在的意义。具体来说，体育教师在选择体育教学方法首先需要考虑的是，这一教学方法是否有益于促进学生体育学习，所以一定要基于学生群体的实际需求以及特点来选择具体的教学方法。这要求体育教师既要关注学生的群体特点，又要关注学生的个体特点。具体来说，体育在基于教学对象即学生的特点来选择教学方法时，应该重点关注如下要点：

第一，就学生这一群所具有的特点来说，体育教师一定注意把控这一群体的共性，据此来选择体育教学方法。例如，低年级学生定性较差，爱玩，体育教师就可以在教学过程中多采用游戏这一方法进行教学；高年级学生的专注力更加持久，也有了思考能力，所以体育教师可采用探究、发现法教学，引导学生在自主探究以及解惑的过程中，一步一步地培养起参与体育运动的习惯以及意识。

第二，就学生这一群体的个体特点来说，体育教师应该注意关注学生与学生之间的不同，并据此来安排教学方法。

（三）根据教师条件选择

在体育教学活动，体育教师不光是组织者、指导者，还是安排者、选择者、实施者。因此，体育教师在选择教学方法的同时也同样应该对于自身的相关条件进行考虑，具体要求如下：

第一，体育教师在选择体育教学方法时，应该注意考虑该方法是否能适合自身。换言之，体育教师应该考虑运用这一方法是否可以将自身的素质水平、知识结构、教学能力与经验发挥出来，保证教学得以顺利进行。

第二，体育教师在选择体育教学方法时，应着重研究这一教学方法是否和教师的教学风格、性格特征契合。

第三，体育教师在选择体育教学方法时，应该与本次课教学目的以及课堂控制进行结合。

总而言之，体育教师在为学校体育教学选择教学方法时，一定要注意基于自己的特点来选择教学方法，以便扬长避短，使教学方法更具针对性。

（四）根据教育理念选择

在选择教学方法这一过程中，教学理念具有重要指导作用。体育教师在为学校体育教学选择方法时，应在最新体育教学理念的指导下进行，需要遵循如下方面：

第一，现代体育教学深受素质教育的影响，强调以实现学生身心健康全面发展作为目标。对此，体育教师在为学校体育挑选教学方法时应坚持"以人为本"，始终都坚持将健康这一理念放在学生体育参与学习过程中，这除了有益于保障学生可以积极主动地参与到体育学习之中，还有利于学生的"终身体育"意识的形成。

第二，体育教师在选择体育教学方法时，应该坚持以学生为主，根据学生实际需求来选取教学方法，进而确保学生的积极主动被充分激发出来。

第三，体育教师在选择体育教学方法时，应该注意强调对于学生体育意识的培养、体育能力的提升，进而来为其在走出校门、走向社会后继续参与体育奠定扎实的知识与技能基础，保证其在未来发展中可以主动参与体育运动。

（五）根据教学内容选择

学校体育所涵盖的教学内容十分丰富多样，为了能够保障学生很好地掌握了这些教学内容，学生需要据此来选择特定的教学方法，这样才能确保整个教学得以顺利进行，学生得以深入地掌握教学内容。在学校体育教育教学系统中主要有两个构成系统——教学内容、教学方法，二者彼此之间存在十分紧密的联系。因此，教学方法在选择时一定要重视对于教学内容的考虑。操作要求，具体如下：

第一，体育教师在选择体育教学方法时，一定要重视教学方法的实用性，即保证其可以切实可行地在体育教学中加以运用。例如，体育教师在教授技术动作时，应该运用主观示范法来为学生讲解该技术动作；体育教师在讲授体育原理时，应该运用语言讲解教学法来按照一定逻辑逐步为学生解释该原理，让学生得以真正理解以及掌握。

第二，体育教师在选择体育教学方法时，应该注意基于教学内容的表现方式来进行选择，以此保证学生以极大的热情尽快掌握该种教学技术。例如，图片展示这一方法具有直观性、便捷性，多媒体教学这一形式具有生动性、细致性，不同的方式具有不同特点，学生可以根据实际内容选择适合的教学形式。

（六）根据教学环境与条件选择

体育教师在选择体育教学方法时，一定要综合对于整个教学活动牵涉到的教学因素进行考虑。其中，尤其要重视对于客观教学环境与条件的考虑。

教学环境不仅包含场地、器材还包含班级人数、课时数等。与此同时，外界社会文化环境的好与坏也会对教学环境产生十分重要的影响。体育教学条件包含体育教学的硬件条件、软件条件等。

体育教学环境以及条件在开展学校体育教学活动的实际过程中，人的主观意志的影响会对教学方法的选择产生十分显著的影响。体育教师在选择教学方法时，除了需要关注这些客观教学环境因素之外，还需要对于某一种教学方法所需要必要的客观环境和条件加以充分考虑。

二、高校体育教学方法的革新

（一）体育教学方法的改革

1. 转变现代体育教学理念

"新时期随着高校的扩招，体育的教学工作也遇到了很多发展瓶颈，体育教育工作如何积极转变思路，适应学生的个性特征和心理特点，挖掘出大学体育教学的魅力，从而最大限度地保障教学效果将成为高校体育教学方法改革的关键所在。"① 当今社会信息技术发展迅猛，教学与网络技术的融合已经成为一个不可逆转的趋势。在教学中，运用网络技术，可极大程度地保证整个教学可收获到良好的结果。为了能够将网络技术的作用发挥出来，体育教师还需要及时对于教学理念进行调整。对此，面对当下流行的新理念以及新事物，学校体育教师以及相关工作人员一定要持一个开放的态度，以此来为现代体育教学手段在体育教师的实际应用中提供便利。体育教师要严格要求自己，提升自己的专业素质，努力在实际教学中不断发现自我、完善自我，这点同时也是现代学校体育教师素养在新形势下必须具备一个素质。同时，这也是保证信息技术在体育教学中发挥出最大作用的关键所在。

2. 加强教学手段创新意识

在创新学校体育教学手段这一实际过程中，体育教师要想收获到良好的成果，应该在态度上给予重视，树立其科学且正确的创新意识。体育教学手段能够有所突破、实现创新，将对现代学校体育教学能否摆脱传统理念的束缚，以及建立与时代发展相契合的现代化体育教学模式起到决定性作用。要想实现体育教学手段的创新，关键在于引导一线体育教师以及体育教学的相关管理部门对于创新可以形成正确的思维和意识。以体育教师为例，倘若体育教师具有创新意识，那么他们不管在教学中还是在与学生日常接触中，都会时时刻刻地谨记培养学生对体育运动形成兴趣，并注意对于学生创造能力加以提升。体育教学手段要想实现现代化，离不开体育教师想要激发学生的创造欲望、满足学生的心理需要，以及随时根据现实对于体育教师进行调整的高度工作责任感。

---

①方志英. 高校体育教学方法改革研究［J］. 科教导刊-电子版（上旬），2014（10）：115.

3. 优化体育教学硬件设施

学校体育教师在开展体育教学时，如果需要利用多媒体技术，并没有专门供体育教学的实验室以及多媒体教学场馆，通常情况是借助其他学科的多媒体教室或教学场馆，这也从侧面导致体育教学对于多媒体技术的应用受到了严重制约。鉴于此，各个学校应该对于体育学科的多媒体场馆以及实验室增加资金投入以及设施建设力度，保证体育教学已经配备足够的体育教学场地、设施、器材装备，可以很好地满足当下体育开展教学的实际需要，这同时也是创新以及发展体育教学手段，使其实现现代化的基础。

学校体育教学除了要对于硬件设施的数量以及质量加以保证之外，还应强调科学且有效地对于现代化教学设备加以应用，进而确保其可以更好为体育教学实践服务。在过去中，各个学校体育教师主要借助于示范与讲解这种形式来给学生传授理念、教授知识。尽管体育教师亲身对于动作的示范以及讲解是正确且规范的，但是学生却有很大可能会因为教师示范时间过短而不能深入分析以及理解该动作的整个过程。倘若每次在教授新技术动作之前，体育教师就先组织学生利用多媒体技术先行观看以及分析该技术动作。例如，体育教师可利用多媒体技术的慢放功能，对于那些复杂动作进行慢放或者分解，以此来保证学生可以深入理解该动作的原理以及动作之间的上下承接关系。或者也可以利用多媒体技术记录学生练习技术动作的过程，以供教师对于学生掌握情况进行分析，并对于那些不足或者错误之处及时加以调整。多媒体技术可以涵盖形、声、色，这能够对于学生的感官直接诉诸影响，这比传统教学方法更能对其大脑皮质的神经系统产生刺激以及激发影响，可极大程度地激发其学生的学习积极性。

体育教师在向学生教授体育技术时可以对于体育教学实验室加以科学合理地利用，使体育教学手段得到优化，转而成为一种结合了体育多媒体、教学实验室和室外技术实践的综合教学模式，将会对课堂教学效果和质量的提升产生十分重要的作用，有助于学生对于复杂高难度的技术动作的快速理解以及掌握。因此，学校体育教师在开展体育教学时，可事先组织学生对于课堂内容所涉及的技术动作进行观看，让学生对于该技术动作有所理解。

除此之外，体育教师还可借助实验室的器材设备，来让学生通过真实体会这一形式对于技术动作的特点进行更加深入地掌握。最后，体育教师要组织学生在实际结合运用音乐媒体的练习过程中，加深对学生练习时间以及节奏的把控，让学生可以正确掌握该技术动作，并对其所具有的时空感、节奏感有更深的理解，从而保障学习效果可以得到有效提升。

4. 充分利用体育教学软件

在学校体育教学基础设施持续得到完善、优化，以及教育技术现代化得到快速发展这一背景下，当前各个学校一定要注意加大对于体育教学辅助软件的建设力度。各个学校在后续体育教学中应有意识地确保体育教学软件的开发力度可以得到进一步提升，使其得到迅速发展，可以更好地匹配于现有的硬件设施条件，从而可以将现代化教学手段的价值以及意义充分发挥出来。

具体来说，体育教师在开展体育教学的实际过程中，要基于汇集计算机、投影仪、录像播放三者于一体的多媒体技术，将那些难度相对较高的动作技术制成电脑动画，以便学生可以反复多次的、慢速的、多方位的、动静结合的来观看整个技术动作的演示，如果可以再配以一定文字对于该类动作的关键部位进行解释说明，学生势必会对所学动作的技术要领以及动作结构有更加深刻以及清晰的理解以及认识，这可确保学生对于正确动作快速形成概念，可极大程度地提升教学效率。

那些功能强大、全面、实操性较强的教学软件可极大程度地激发起学生学习体育动作、体育理论的兴趣。这进一步说明教学软件的开发利用在学校体育教学中扮演有非常重要的价值。例如，在开展篮球体能训练的实际过程中，倘若只仰仗于个人进行体能训练，或者利用多媒体幻灯片这一技术来向学校学生讲解进行大量的理论文字，这对学生而言无疑是枯燥的也是乏味的。

反之，倘若体育教师在制作体能电子教案时采用动画或者视频等动态形式来对体能训练进行讲解，这种形式更加具有观赏性，可供学生反复进行观看，最后再辅之文字理论或讲解，这可以直接对学生的感官神经产生一定刺激，使学生在学习体育理论以及技术时带有强烈的好奇心与兴趣。大力开发体育教学软件，除了有益于进一步优化体育教学内容、教学模式之外，还能进一步拓展以及丰富学生对所学内容的领悟路径。

此外，出于进一步丰富以及拓展资源的目的，各个学校还应该搭建起相关的网上教学资源库，以便学生可以借助校园网在教学资源库中获取到自己所需以及自己感兴趣的知识在线自行主动进行学习，这有利于为学生营造出一个更好适应高度互动、个性化的智能教学环境。在校园网、体育教学信息库得以建立并实现进一步改善，以及高科技产品与体育教学之间的结合更加紧密的背景下，不管是研制现代化体育教学软件还是创新与开发现代化体育教学软件和过去相比都更为容易了。

由此可见，加快、加大开发体育教学软件的力度，对创新以及发展体育教学手段的现代化都具有极其重要的意义。

（二）体育教学方法的创新

1. 分阶段的教学方法

（1）准备活动的方法创新。准备环节是学校体育教学的重要环节之一。好的准备活动可确保学生不管是身体机能还是心理机能都可以快速进入准备状态，极大程度地降低了运动损伤的发生概率，使整个运动过程得以顺利进行。因此，体育教师在创新体育教学方法的具体过程中，应该以准备活动作为着手点，使准备方法更具创新性，让学生得以放松身体身心，为后续教学的顺利进行提供保障。

具体来说，准备活动通常可分成两种形式——专项准备和一般性准备。体育在一般性准备活动中，可通过游戏的形式激发起学生的参与热情，保证学生大脑的兴奋性得以提升。例如，可以采用以"贴人""报数"等为代表的过程简单、组织便捷的且具有极强灵活性的游戏，引导学生的身心得以迅速处于一种准备状态。而在专项准备活动中，体育教师也可基于教学内容适当引入一些与之相关的内容。例如，体育教师可在开展投掷类运动之前，开展一个传球游戏，既可以让学生放松身心，激发起学生学习的热情；又可以让学生做好热身，可极大程度地避免运动损伤的发生，进而得以为后续教学的顺利进行做好铺垫。

（2）课堂教学的方法创新。体育教师将创新理念融入进行学校体育的实际教学中，一方面，可使整个课堂氛围更加生动活泼，使原本十分枯燥且单一的训练充满乐趣；另一方面，可将学生的学习热情尽可能地激发出来，使学生不仅可以深入理解相关理论，还能尽快掌握相关的运动技能，进而最终促使整个教学可以取得十分理想性的成效。

（3）结尾阶段的方法创新。对于结尾阶段方法的创新同样不应忽视。体育教师如果在实际开展学校体育教学的过程中可以很好地对于结尾阶段的方法进行创新，为整个教学留下一个美好的结尾，会让学生产生一种乐不思蜀的感觉，这无疑不管是对于学生运动习惯的养成还是运动意识的形成都具有十分重要的作用。在体育教学中，结尾阶段在整体教学过程中所扮演的作用不容忽视，除了可使学生原本处于不平静状态的身心机能得以迅速恢复到，还能为学生后续的深入学习做好准备。对此，体育教师在进行创新时，一定要以学生此时所具有特点以及需求作为指导，大胆对于方法进行创新，以此来保证教学在结尾处可以得到升华。

体育教师可以安排一些旋律、节奏都较为舒缓的音乐，再配合一些相对较为舒缓的动作，引导学生的机能状态可以逐渐趋于平静。除此之外，体育教师还可以尽可能对于结尾时的教学形式进行丰富，可引入瑜伽、太极以及健美操等运动项目的动作，以此来尽可能对于结尾处的内容进行，保证学生的学习兴趣得以激发，确保创新可以实现。

（4）游戏形式的方法创新。游戏法是学校体育教师创新体育教学方法的重要形式之一。这种方法相对其他类型的教学方法，更具娱乐性，可保证学生的热情得到提升，是当下较为理想的教学方法之一。因此，体育教师也应在创新教育理念的指引下对于游戏方式适当进行革新，以此来引导学生在游戏中逐渐健全自身的人格、提升自己的智力、发现自己的潜能，进而将体育这一学科所具有价值极大程度地发挥出来。

例如，大学生不管是判断力、观察力还是想象力、反应能力都是极强的，游戏可以很好将学生的智力展现出来。因此，体育教师具体在开展学校体育教学时一定要注意为学生留有一定的空间，以便学生可以根据教学实际设计出一些更具趣味性、创新性的游戏，进而引导学生间的竞争性得以增强，推动学生可以更好地实现全面发展。

2. 组合创新教学方法

组合创新教学方法，顺利了现代体育教学方法优化组合的发展趋势。所谓组合创新，主要是指体育教师基于合作学习法来进一步对于教学方法进行完善以及创新。教学方法的组合这一措施实质上是一种对于原有教学方法的创新以及完善。

伴随着社会的迅猛发展，体育教学也随之产生了极大的改变，体育教学方法要想更好保障教学活动的顺利进行，就要基于实际情况对其不断进行创新，以此来确保新的体育教学方法不断涌现，体育教学最终得以收获到良好的效果。

第三章 高校体育课堂教学组织与评价

第一节 高校体育课堂教学的准备内容

"体育是我国高等教育体系中的重要组成元素，其在促进高校学生机体生长发育，增强学生体质方面有着无法替代的功能性作用。"[①] 体育课的准备，通常称备课，即课前准备。备课，有时人们可能认为只是写一个教案那么简单，其实不然，备课可以有不同层面的理解。从宏观层面来说，只要跟上课有关的、所做的方方面面的准备都可以称之为备课，不仅包括对教材的分析、对学生的分析，还有教学策略设计、场地器材的规划等；从微观层面来说，备课可以理解为写教案。教师应充分了解备课各要素，为课堂教学打下坚实基础。

备课是由思维转化成实操的过程。体育教师对体育学科要有过硬的把控能力，要掌握教育一般理论和体育基本原理，了解当今体育课程改革的动向，了解学生的身心发展规律等，还有一些宏观层面的东西也需要了解。上好一堂课，备好课是前提保障。

体育教师在进行备课时，要考虑到各种影响因素，因为备课的本质就是一种"预先设想"，在教学实施的过程中会存在一些不确定因素，备课就是以我们思考的结果为依据，将教学内容操作化，编排成可供学生学习的过程。在备课过程中最主要的就是根据单元教学设计方案，制定出课堂教学方案，备课其实是不断细化的过程。在备课的过程中要对各种因素进行全面充分的衡量、分析、评判，其中包括课程、学生、教师自身、教材、场地器材等。

因此，教师有必要掌握备课过程中需要遵循的一些基本的、体育所独有的理论和规律。

一、理解体育课程教学的内涵

学科核心素养是学科育人价值的集中体现，是学生通过学科学习而逐步形成的正确价

---

①黄日峰. 探索高校体育课堂教学改革的方法［J］. 当代体育科技，2017，7（6）：80.

值观念、必备品格与关键能力。体育与健康学科核心素养主要包括健康行为、运动能力和体育品德。

（一）健康行为

健康行为是增进身心健康和积极适应外部环境的综合表现，是提高健康意识，改善健康状况并逐渐形成健康文明生活方式的关键。健康行为包括养成良好的锻炼、饮食、作息和卫生习惯，控制体重，远离不良嗜好，预防伤害事故和疾病，消除运动疲劳，保持良好心态，适应自然和社会环境的能力等。健康行为的具体表现形式为体育锻炼意识与习惯、健康知识掌握与运用、情绪调控、环境适应。

随着我国社会经济的快速发展，青少年对社会的接触也越来越方便，部分青少年开始接触一些不健康的行为，极大地危害了青少年的健康成长。而体育锻炼是促成青少年健康行为的有效的重要手段之一，所以体育课堂的合理教学有着十分重要的意义。体育教师需要使用有效的教学策略，增加学生对体育课的兴趣，提高体育课堂的效率，培养学生科学从事体育锻炼的意识和习惯，从而培养学生的健康行为。

（二）运动能力

运动能力是体能、技战术能力和心理能力等在身体活动中的综合表现，是人类身体活动的基础。运动能力分为基本运动能力和专项运动能力。基本运动能力是从事生活、劳动和运动所必需的能力；专项运动能力是参与某项运动所需要的能力。运动能力的具体表现形式如下：

1. 体能

体能是学生竞技能力的基础，是学生身体机能能力、体育运动能力的综合体现。一般而言，体能是通过力量、速度、耐力、灵敏、柔韧、协调等运动素质表现出来的人体基本的运动能力，是运动员竞技能力的重要构成因素。

体育课对学生进行体能训练，不仅是由它的学科特点所决定，也是当今社会对学校体育的诉求。为此，作为一线体育教师，虽然无法改变社会、制度、环境等因素，但是可从自身做起，从体育教学有效设计的角度，研究制定运动项目教学指南，利用"体育课堂教学"这块阵地，切实提高学生的运动技能，发展体能，为学生体质健康水平的提升增加一些助力，努力提高体育教学质量，使学生养成终身体育锻炼的习惯。但学生的在校时间是有限的，所以也需要家长利用学生在家的时间带领学生积极参与体育锻炼，促成课内课外一体化，以促进学生体能水平的提高。

2. 技战术能力

技、战术主要包括技术和战术。技术更多的是针对个人而言的，是指学生对学习的动作内容掌握的程度，而战术则不仅仅是针对个人而言的，对于集体项目来说，战术更多地会涉及多人的协作配合，这体现学生通过学习后运用技术与对情境理解的能力。因此，技战术能力主要是指学生通过学习和练习后，对相应技术与战术的运用能力，对体育学科来说，这是核心素养中需要培养的重要方面。

3. 心理能力

运动员心理能力即指运动员与训练竞赛有关的个性心理特征，以及依据训练竞赛的需要把握和调整心理过程的能力。一方面，在竞技运动训练与竞赛中，运动员的体能、技能、战术能力以及运动智能，都只有在其心理能力的参与配合下，才能得到充分的体现；另一方面，在不同的条件和不同的状况下，心理能力在运动员竞赛能力中的价值也有所不同。不同类型的运动项目对运动员的心理能力有着不同的要求，不同水平的选手比赛时心理能力的作用也不同。

（三）体育品德

体育品德是指在体育运动中应当遵循的行为规范，以及形成的价值追求和精神风貌，对维护社会规范、树立良好的社会风尚具有积极作用。体育品德包括体育精神、体育道德和体育品格三个方面：体育精神，包括自尊自信、勇敢顽强、积极进取、超越自我等；体育道德，包括遵守规则、诚信自律、公平正义等；体育品格，包括文明礼貌、相互尊重、团队合作、社会责任感、正确的胜负观等。

培养学生良好的体育品德是德育的重要内容，也是体育学科所赋予的内在要求，是由其自身的学科特点所决定的。如对于篮球项目来说，个人技术能力固然重要，但又不能因为注重个人意识，而一味地凸显自己的"实力"，忽略团队成员之间的协作和相互配合。因为即使所有队员的个人能力都很强，也未必能取得最终的胜利。在体育竞技中，既要求参赛队员发挥个人能力，又需要团队的合作。因此，在体育课的预先设计中就应注重学生合作意识的培养，这是体育课程改革中对体育"育人"功能的进一步彰显。

体育课的特点是需要承受一定的运动负荷，而当前部分学生娇生惯养情况日盛，怕苦怕累是他们的典型心理特征。学生各自的身体体能和意志力较弱，在体育教学过程中，不少学生遇到需要耐力、技术难度高，身体对抗激烈的项目就胆怯、退缩。出现这种情况时，教师在教学中要有耐心，循循善诱，进行有的放矢的教育。既要耐心地讲解示范每一个动作的要领，又要对学生的进步及时鼓励，使学生逐渐消除畏惧的情绪。通过反复训练，学生有了克服困难的勇气，逐渐培养起不怕苦、不怕累、敢担当、不屈不挠的意志品质。

对高校体育课程标准的把握，体育教师应该树立新的理念，多进行学习，可以通过参加教研活动、访问专家、阅读学习、搜集科学论文资料等不断思考与提升自我，使自己课前所设计的教学方案更贴近课程标准的理念与要求，为课堂有效教学打下良好基础。

二、把握高校学生的发展规律

了解学生是备课中的一项重要内容，学生不仅是教学的对象，而且是学习的主体。教学是师生的双边活动，只有教师的积极性而没有学生的主动性是很难上好课的。备课不备学生，不了解学生的情况，就很难掌握好适宜的尺度。因为，教学内容的安排要考虑学生的机能状态；教学任务的确定要依照学生的素质水平；教学方法的选择要推敲学生的接受能力；运动负荷的大小要适应学生体质的强弱。

备课时只有充分全面了解学生，才能做到因材施教。对学生了解得越多越全面，备课的依据越充分，教学的针对性越强，教学效果也会越好。备课是上好课的关键之所在，教师通过备学生，可以加强备课的目的性、针对性和实效性，从而优化教学过程，发展学生潜能，促进学生人格的健康发展。

（一）身体素质发展

高校阶段的学生身体增长的速度逐渐减缓，他们的身高、体重、胸围、肌肉、骨骼都接近成年人的标准。身体发育基本成熟，骨骼已基本骨化。神经系统发育完全，大脑皮质和机能已达到成人水平，兴奋和抑制过程基本平衡，第二信号系统起着重要的调节作用，但神经联系的复杂化和大脑活动的机能仍在日趋完善。

教师在备课时，应该抓住学生身体素质的关键期，有针对性地设计一些身体练习项目或内容，以促进学生身体素质的发展。

（二）人类动作发展

人类动作发展对体育学科的学习来说是非常重要的支撑理论，因为体育学科本身以身体练习为主，在学习技能的过程中，其基础就是动作。因此，教师要了解动作的发展规律、动作的发展特征以及动作的发展序列。教师在备课时，所选择的教材、内容要符合该年龄阶段学生的动作发展规律，并且能够诊断学生动作能力或技能水平是否符合特定年龄段的发展水平，以及识别学生动作发展的正常序列，避免动作发展滞后带来的学习和生活障碍。

人的动作发展具有一定的时序性，教师在备课过程中所需选择的教学内容，方法、手段等都应该注意每个阶段学生在动作发展层面上的需求，注重对各时期主要动作的干预教育。

体育学习最重要的就是为后续的发展打下良好的基础，而这一基础就是发展好学生的基本动作技能水平，这样能够更好地为后续的体育学习和锻炼打下坚实的基础。动作技能的学习与发展是一个不断变化的过程，它是遵循人类动作发展的序列而发展的。

三、解析高校体育学科的教材

从体育学科本身来说，由于体育项目的种类比较丰富多样，所以可供选择的教材也就比较广泛。例如，田径中的跳远、铅球等，球类中的足球、篮球等都有各自的教材。教材是进行教学的基础，是解决教什么和为什么教的关键，对教师课前准备，科学制定教学策略有重要意义。

（一）教材解析的意义

分析教材是整个备课工作的基础，也是备好课的主要环节。只有把教材烂熟于心，才能为备好课提供必要的条件。对教材的理解和分析是备好课、上好课和达到预期教学目的的前提和关键，对顺利完成教学任务、实现教学目标具有十分重要的意义。

第一，对教材的理解和分析有助于教师掌握体育教材的逻辑体系。分析教材有助于教师掌握教材的逻辑体系，尤其是体育学科的学习，它是以身体练习为基础的学科，在动作技能学习上有一定的逻辑性。因此，只有全面熟悉教材、分析教材，清楚前后学习内容之间的关系，才能够把握好教学活动的高效性。

第二，对教材的理解和分析有助于满足学生的发展需求。分析教材能够使教师清楚教材的价值所在，继而组织编排适用于教学对象的学习内容，最大限度地促进学生的身心发展。

第三，对教材的理解和分析有助于教师科学地设计教学活动方案。分析教材能够了解整个教材的基本内容，清楚教材中各部分之间的结构体系，把握好教材的特点。在分析教材的基础上，选择必要的学习内容以丰富教学内容，促进学生的学习，使教师对教学活动进行科学的设计，达到教学活动方案的最优化。

第四，对教材的理解和分析有助于全面贯彻和落实体育与健康课程标准。通过认真钻研教材，全面理解和掌握教材，深刻理解教学目的和任务，把知识、能力、情感态度和价值观等培养目标具体化，并把他们合理地内化到整个学期的各单元以至每节课的教学之中。

此外，钻研教材不仅是教师教学工作的重要内容，也是体育教师进行教学研究的一种主要方法，是教师的教学能力和创造性劳动的充分体现，对于教师业务素质和自身素质的不断提高、教育理论知识的加深理解、教学质量的提高都具有十分重要的意义。

（二）体育教材的类别

由于体育项目的种类比较丰富多样，所以可供选择的教材也就比较广泛，而教材又是我们进行教学的基础，是解决教什么、怎么教的关键。不同类别的运动技能教材，在进行设计和实施中的教学模式是有区别和侧重的，准确把握动作技能"类"的归属是有效教学的重要一环。因此，教师应该对体育教材的分类有一定的了解。

体育学科的学习，应考虑的是具体的内容，即具体的运动技能。作为教师应该对学生学习的内容进行具体化的分析，这将有助于教师对教材的把握，保障设计的科学性。运动技能依据不同的标准分类，可以使我们对运动技能有不同的理解。尤其是其划分有助于教师对教学内容的深入了解，以便于教师对教学计划方案的设计。

针对运动技能的学习来说，将运动技能划分为开放式和闭合式两类，是我们认为目前与体育学习特点比较契合的分类方法，这种分类法能够更好地服务于体育教学。以这种分类形式来设计和实施体育教学活动，能够使体育教师更好地理解教材的特点，能够有效促进学生运动技能的学习。

1. 开放性运动技能教学

开放性运动技能主要根据外部环境信息的反馈进行调节，动作时空结构须根据外部环境变化做出相应调整。运动员在做出技术动作之前要事先判断周围情景的变化，来选择相应的技术动作，即操作的环境线索可预测程度低、不稳定。以足球为例，在运球过程中，必须判断对手的位置、速度、方向，以及对手之间的位置、过人空间，才能决定采用何种技术动作绕过防守队员。在这个过程中，对手的各种信息就是情境变化，这一类基于即时情境变化刺激的运动技能称之为开放式运动技能。综观体育课堂教学的项目，如篮球（不包括罚球）、足球、排球、羽毛球、乒乓球等，都是开放式运动技能项目。学习这类运动技能应达到减少开放性或不可预期性的目的，使学习者确切把握环境的变化，具有处理外界信息的能力与对事件发生的预测能力。

根据开放式运动技能的概念，环境的变化性是开放式运动项目技能学习的核心特征，从外界环境变化到动作技能本体应答，这个学习的过程与原理在诸多开放式运动技能中是相通的。据此，可以从本体感知（对手、同伴意图、环境的感知、预判能力）、环境外显特征（动作、器材的变化）、本体决策（瞬时、合理的技术选择）和本体应答行为（合理的动作技术）四个阶段来理解开放式运动技能的形成过程与原理。

开放式运动技能的学习原理并不否认学习基本技术的重要性，而是强调在整体环境交互中学习基本技术。近年来，在开放式运动技能——球类教学中出现了许多新方法，例如领会教学法就是根据开放式运动技能特点产生的。

领会教学法把体育课堂教学的着眼点从传统的强调动作技术的发展调整为培养学生的认知能力、瞬时决断能力及兴趣。将学生认知能力和战术意识的培养作为球类教学的重要内容，将训练学生应对球类运动中的各种复杂情况和突发问题的能力作为教学的关键，并根据学生的实际情况，开展有差异性的教学，因人而异地教授各种技巧动作，最大限度地调动学生的参与度。

领会教学法强调组合技术的整体性与实用性，教师对运动技能的传授要从前后关联的整体性思路入手，从教学之初先让学生参与降低要求的比赛（称为简单的对抗赛），使学生在实践中领会学习运动技能的重要性，从而产生"有意义学习"，然后再进行常规的运动技能学习，使学生充分认识到运动技能学习的意义所在，提高学习动力与效率。这种方法将学生技术动作的学习寓于攻防对抗之中，使学生能够更好地理解与把握球类运动的本质规律和不同的技术之间的内在联系。训练过程增加了比赛中应用性练习的次数，节约了单个技术教学的时间，使得学生的实践与理论得到了较好的统一。

2. 闭合式运动技能教学

闭合式运动技能在多数情况下主要依靠内部本体感受器的反馈进行调节，动作的方法顺序，即动作操作的环境线索可预测程度高、稳定性强；运动员在做出技术动作之前不需要考虑外部情境的变化。以武术套路为例，表演者在做动作之前已经知道下一个动作是什么，只需要考虑动作的准确性、规范性就可以完成技术动作。这类不需要考虑外部情境变化，具有一定指向性的运动项目称为闭合式运动技能项目，如健美操、武术套路、跳高、跳远、铅球等。

闭合式运动技能学习的规律基本上是反复地练习，从而建立对该项运动的一种记忆。这一过程是闭合式技能学习的过程，属于本体感受器所介入的反馈进行调节的动作，完成动作时外部环境在本质上是相对稳定的，要求动作尽可能稳定、精确，如体操、射击、游泳、掷垒球、铅球等。学习这些技能的关键在于反复练习，直到达到理想的模式和自动化程度。

不同的运动项目有着不同的运动技能特征，根据运动技能结构的不同，将运动技能加以分类，可以使教师的教学更具有针对性，目标更明确。但是，这样按照某一特定标准来划分不能涵盖运动技能的所有特征，同一类型的运动技能仍然存在对训练方法产生影响的差异性特征。

通过对体育运动技能分类的分析，能够使教师清楚体育教材或教学内容的不同，会使得教师在设计的过程中，无论是在内容的编排上，还是在教学方法的选择上，都会有所差别。教师在设计教学时，一定要了解项目的特征，比如篮球运动是怎样的？可以设计哪些形式（也可以说是内容组合、练习形式）等，但一定是围绕篮球的整体特性设计，包含着该类运动的核心性关系，篮球的整体特性是同一场地内交错进行的进攻——防守型运动，而不只是单独的运球、投篮、传球等单独的技术练习。

因此，将运动技能划分为开放式和闭合式两类，能够真正地反映出体育学科学习的最大特点，同时为后续的教学设计奠定基础，也为体育的有效教学提供理论依据。

四、分析高校的客观条件设施

体育教学的支持性条件，主要包括学校的场地、器材、人员等各种人力、物力资源情况。体育教学的开展必须要依赖学校的场地、器材来进行，因此教师在备课的过程中就必须要清楚学校所具备的条件，以便于所设计的体育课能够顺利开展。同时，了解、分析学校的场地和器材，也会为教学资源开发改造提供基础。体育备课时可以通过思考对学校现有的场地、器材等各种资源进行开发改造，来促进教学。备课也好，上课也好，最终依托的就是学校的物质基础。认真分析学校的客观条件，充分思考所在的外部环境，才能使所备的课具有适宜性。

第二节　高校体育课堂教学的组织与管理

一、高校体育课堂教学的组织

高校体育课堂教学组织是体育教学正常有序开展的纽带，良好的体育课堂的组织管理是体育教学质量的保证，也是体育教师业务工作的基本内容之一，更是体育教师教学能力的重要内容。体育课堂教学是指在学校规定的一节课中，按照教学计划规定的内容，由专任教师和学生在规定的教学时间及地点进行体育教授和学习活动的过程。

高校在体育课堂教学概念中包含三个规定因素：①有规定的时间，即体育课堂教学是在规定的时间内进行的（通常每周是按一定间隔时间安排两次课）；②有规定的内容，并有专任教师进行有目的、有计划的规范系统的教学；③有规定的教学地点，它区别于课外体育活动和学生自由的体育锻炼行为（通常是安排在各种体育场馆内进行的）。

体育课的教学组织形式主要由两部分构成：一是编班教学；二是分组教学。

（一）编班教学

目前我国体育课常用的编班形式有以下三种：

第一，按自然行政班上课。可按原班男女生混合上课，多用于体育教师较少的学校里。

第二，按男女生分班上课。可将同年级若干班级的男女生先分别合起来，再按编班容量分成男生班、女生班分别上课。

第三，按选项模块分班上课。可将具有相同兴趣和爱好的学生组成若干个班，再以班为单位分别上体育课。

（二）分组教学

分组教学是把一个班分成若干小组，教师以小组来进行指导的教学组织形式。这种教学既保留了班级教学的长处，又能在一定程度上解决区别对待的问题，即教师可以根据各小组的不同特点进行不同的指导。这种分组通常是以学号、身高等自然因素来进行，也可将学生按照运动能力的原始成绩分成不同水平的小组，教师根据不同小组的实际水平进行教学。每组有指定的小组长，通常起着"小教师"的作用。

教学分组有随机分组、同质分组与异质分组三种。

1. 随机分组

随机分组就是按照某种特定的方法或标准，将学生随机分成若干小组。小组成员之间没有共性，小组间也没有明显差异。随机分组简单、迅速，具有一定的公平性。缺点是无法很好地做到区别对待，无法考虑学生的兴趣爱好与体育需求，不能满足学生个性的发展及需要。

2. 同质分组

同质分组是指分组后同一个小组内的学生在体能和运动技能上大致相同。同质分组的方法在教学中常自觉和不自觉地得到运用。例如，在田径的跨栏课教学中，我们常设置不同高度的栏架让学生有所选择，经过一段时间的练习，每个学生基本可以选择自己最适合的栏架高度进行练习，这时的分组形式即为同质分组；在篮球教学中，常常会将篮球技术水平相当的学生分在一起活动，在田径的短跑课教学中，学生总是要找与自己速度差不多的同学一起跑；在中长跑课的教学中，学生刚过第一圈，队伍就已经分成了几个小"集团"，这时形成的"集团"就是典型的同质分组。

3. 异质小组

异质分组是指分组后同一小组内的学生在体能和运动技能方面均存在显著差异。异质分组不同于随机分组，是人为地将不同体能和运动技能水平的学生分成一组，或根据某种特别的需要对"异质"进行分组，从而缩小各小组之间的差距，以利于开展游戏和竞赛活动。例如，教师可根据需要测试学生某个项目的原始成绩，根据原始成绩，用蛇形排列的方式将学生平均合理地分在各个小组中，此时形成的小组就是典型的异质分组。又如，在练习某一运动项目时，每个小组中男女生的比例相当，然后小组之间展开竞赛，这样的小组也是异质分组。同质和异质的含义可以从心理学角度、身体素质角度、学习程度角度、道德品质角度等不同视角来人为区分，在学校体育教学中选择有效的学习方式和方法，从学生个体现有的学习程度来研究。

二、高校体育课堂教学的管理

"随着素质教育的深入发展，立足当前高校体育课堂教学实际，革新课堂教学模式，已成为高校体育教学工作者面临的新课题。"[①] 高校体育教学的中心环节是课堂教学，要提高教学的质量，就必须优化教学过程。每个体育教师在上课时都会有一些收获或不足，无论多么成功的教学课，总是存在可改进的地方，为使其臻于完满，就需要优化体育教学过程。

体育与健康课堂教学常规，是为了保证体育教学工作的正常进行，对师生的教与学提出一系列的基本要求，是学校体育教学管理的一项工作。规范体育与健康课堂常规，不仅有助于建立正常的教学秩序，严密课的组织，而且对加强学生的思想品德教育，促进学生身心的健康发展都有十分重要的作用。

（一）课前常规

教师课前常规包括两点：①教师课前的准备和编写教案。教师课前应主动与班主任及体育干部约定，及时了解所上体育课班级的学生情况，并根据了解情况认真备课，写好教案；②场地、器械的准备和清洁卫生工作。应组织指导学生或亲自动手，及时布置和检查场地，准备教具，一切准备工作应在课前准备就绪。

学生在体育课前应充分休息，饮食适度。若因病、伤，女生例假不能正常上课，课前由体育干部或学生自己主动向教师说明，教师应根据不同情况，分别妥善安排。

师生在检查和整理好自己的服装（只能穿运动服、运动鞋）后，应按约定的课前几分钟到达规定的集合地点，等候上课。

---

①黄日峰. 探索高校体育课堂教学改革的方法［J］. 才智，2014（32）：75.

（二）课中常规

1. 教师课中常规

（1）教师待体育干部报告后，向学生宣布课的教学目标、内容要求等教学安排，并指出这节课易出现的安全问题，然后逐步按计划进入教学状态。

（2）教师按教案进行教学，在无特殊情况下，不得随意更改；关心爱护所有学生，对学生进行适时鼓励，与学生共同创建和睦的教学气氛。

（3）注意安全卫生；检查见习生执行规定的目标、要求等情况的规定，以求面向全体学生。

（4）课结束时，进行小结和讲评，让学生及时知道课中的表现。提出课后学习的要求，预告下节课的内容，布置学生课后归还器械和场地整理工作，有始有终地结束一堂课。

2. 学生课中常规

（1）学生准时按指定地点集合上课。上课铃响后，体育干部进行整队，向教师报告班级情况。

（2）学生上课时，要专心听讲，仔细观看教师动作示范和启发引导，并积极思考，分析理解动作要领，有疑难问题及时提出，有机地把大脑思维与动作练习结合起来。

（3）学生须自觉遵守课堂纪律，爱护场地、器械，在教师的引导下，与教师共同学习努力完成课的各项目标。

（4）课结束时，学生进行自我评价和对他人评价，并协助体育教师归还器械和场地整理工作。

（三）课后常规

第一，教师每次课后，应及时进行教学反思，并做好书面总结，如总结经验，提出改进措施等。

第二，教师要检查布置学生课后归还器材等工作的执行情况，以保证下节课教学的正常进行。

第三，对缺课的学生，要做好书面考勤记录，并进一步地调查清楚，必要时给予补课或课外辅导。

第三节　高校体育教学评价及其设计实施

一、高校体育教学评价及其发展

（一）体育教学评价的功能

体育教学和其他学科一样，是按照规定的教学计划和标准进行有目的和有组织的教育活动，而体育评价是检验体育教学质量的重要指标，需要教师与学生共同参与，通过制定科学的标准，根据体育学科教学目标，对体育教学活动的过程和效果进行评价。

体育教学评价有其自身的评价方法，也具有特定的功能，在体育教学评价过程中，其所具有的功能包括以下四种：

1. 导向功能

体育教学评价对于体育教学活动具有导向作用，能够引导教师进一步完善教学内容与模式。不同的学科有不同的评价标准，而不同的评价标准也会有不同的评价结果。评价结果是教师对教学效果判断的重要基准。根据评价结果，教师对学生学习的时间、重点等进行科学、合理地分配。在这一点上，体育教学与其他学科相同，教师所规划的教学内容、重点等都会根据体育教学评价结果进行适当调整。

2. 诊断功能

体育教学评价的诊断功能主要是针对体育教学过程的鉴定，通过体育教学的结果分析其原因，使教师可以发现体育教学中存在的不足和成效，让教师能够逐步改进，提高教学质量，以更好地实现教学目标。体育教学评价的诊断功能可以使教师了解到体育教学过程各个方面的情况，对教学效果有客观了解。例如，教师可以通过了解学生体育课上所学的知识和其所面临的问题，对教学方案和方法进行改进，从而制定更有针对性的体育教学方案。对体育教学情况的诊断，能够为教师进行后续的教学活动提供反馈，让体育教师能够从中了解教学方案的适用性，判断现有教学方案是否符合教学要求，是否需要进行调整。

3. 调控功能

不同的教学模式需要不同的评价方式，也会有不同的评价结果，教学评价是一种阶段性评价，每一个教学阶段都会有一定的教学评价，以检验教学情况和效果。根据特定的标准进行评价后，得出的教学评价结果为教师提供教学反馈，教师能够从中了解学生对体育知识和技能的掌握程度，并根据教学评价结果对体育教学活动的内容和形式进行调控，从而改进教学方式。

4. 激励功能

体育教学评价的结果对体育教师而言，是一种教学成果反馈，教师可以通过教学评价结果了解自身的教学情况，科学合理的体育教学评价对教师而言是一种激励，能够激发教师教学工作的积极性和主动性，让教师更愿意投身于教育活动。良好的教学评价能够反映出学生学习体育课程的积极性，以及对体育任课教师的认可度。同时，为了获得良好的教学评价，教师会不断地对自身教学方式和内容进行改进。这也体现了教学评价的监控作用，能够强化和促进教师的良好教学行为。

（二）体育教学评价的分类

1. 按照评价基准进行划分

（1）相对评价。教学评价中的相对评价指在评价教学活动之前，需要将被评价对象中的一个个体设置为一定的评价基准，将其他评价个体逐一与评价基准进行对比，以确定评价个体自身的相对位置，判断评价集体中每一个评价个体的相对优劣。一般来说，教学相对评价的基准是集体的评论水平，之后比较每一个评价个体所处的位置，如体育锻炼标准的达标、体质评价等都是。

相对评价具有一定的优势，教师能够从中了解学生的总体情况，也能够了解不同学生之间的学习差异，具有适用性强的特点。但是，教学相对评价也有一定缺点，因为相对评价需要建立一定的评价基准，而评价基准是不断变化的，所以教学评价很容易与教学目标偏离。

（2）绝对评价。绝对评价是根据体育教学目标对体育教学设计方案、教和学的成果所作的评价。绝对评价将体育教学评价的基准建立在被评价对象的群体或集合之外，把群体或集合中每一成员的某种指标逐一与基准进行对照，从而判断其优劣。

与相对评价相比，绝对评价的标准相对稳定和客观，教师能够获得更加客观的评价反馈，学生能够从中了解自身的学习情况，也能够看到自身与客观标准的差距；学生可以通过评价结果与客观标准对自身的学习方式等进行进一步改进，对学生和教师具有促进作用，这是教学绝对评价的优势；其缺点是评价标准的确定有一定困难，很容易被主观意愿影响。

（3）自身评价。除了相对评价与绝对评价，自身评价也是教学评价的重要部分。自身评价与以上两种评价不同，自身评价是被评价个体对自身学习情况的一种评价，被评价个体根据自身情况对自己的各方面能力进行评价。这一评价类型主要是为了适应不同个体的差异性要求，不同的被评价个体，其学习情况各不相同，存在一定差异，为了更加高效地对每个个体进行科学评价，必须通过自身评价了解被评价个体的自我认知。

2. 按照评价功能进行划分

（1）诊断性评价。诊断性评价一般是在教学活动开始前进行评价，通过对被评价个体的学习情况进行鉴定，对教学计划顺利、有效实施进行测定性评价，这一评价又被称为前置评价。在体育教学前期，通过对前期教学情况进行评价，对学生的学习水平、学习基础、态度等进行全面诊断，可以对学生的学习情况有一个大致了解，并与体育教学目标相结合，之后根据诊断性评价结果进行体育教学内容的设计，并进行教学决策。

诊断性评价一般在课程、学期、学年开始或教学过程中进行，能够对学生的学习程度进行了解，教师可以据此更加有针对性地设计教学方案。

（2）形成性评价。形成性评价与诊断性评价不同，形成性评价是教学过程中的评价。体育教学设计活动中进行的评价主要是形成性评价。在教学过程中，通过对教学目标和教学内容进行过程性评价，并对教学活动各个要点的层次关系进行分析，对学生的学习进展情况进行及时了解，教师也能够从中了解体育教学的成效，为教师进一步教学提供根据，通过及时分析评价结果，教师可以更好地调整和改进体育教学工作，巩固教学成果，同时有利于进一步完善教学活动，保证教学目标得以实现。

形成性评价主要是为了改进、完善教学过程，有利于对学生所学知识加以复习巩固，确保他们掌握并为后期学习奠定基础。

（3）总结性评价。总结性评价与诊断性评价相对。诊断性评价是前置评价，而总结性评价是后置评价，是在体育教学一个阶段结束后的评价，注重考查学生掌握某门学科的整体程度，评价的内容较广。

总结性评价是对学生一个阶段学习成果的检验，如学生对体育知识以及技术的掌握程度是否与体育教学目标相一致。此外，总结性评价不仅是对学生学习成果的检验，也是对教师教学成果的检验。

3. 按照评价内容进行划分

（1）过程评价。体育教学活动中的过程性评价，主要是针对体育教学活动中教学环节设计的评价，检验各个教学环节是否达到体育教学的目标要求。过程性评价对于体育教学活动而言，是对体育课上为使学生逐步掌握体育知识和技能所设计的各种体育竞赛游戏、活动等进行评价，学生在学习体育技能的过程中对技能的学习和掌握的方式，需要体育教师进行一定指导，在指导过程中，教师会运用针对性的教学方法，让学生能够更加快速地掌握技能，而过程性评价是对这一过程的检验，也属于一种总结性评价。

（2）结果评价。与总结性评价相类似，结果评价是对体育教育成果的评价，在体育教学活动完成之后，针对教学成果进行评价，是对学生各方面能力的一种判断，学生和教师都能够从中获得一定反馈。

4. 按照评价方法进行划分

（1）定性评价。定性评价作为一种重要的评价方法，评价标准主要是指标体系中各种规范化行为的优劣程度。在体育教学评价中，定性评价一般以评语的方式表现。

（2）定量评价。除了定性评价之外，定量评价也是体育教学评价的重要方法。定量评价是对教学活动在"量"方面的评价，这一评价方法运用通常与数学有关的方法进行检验，如统计分析、多元分析等方法。定量标准有利于提高评价结果的精确性和客观性。此外，定量评价需要在一定的数据基础上进行分析，并得出规律性的结论。定量与定性评价相辅相成，两者有着密切联系。

（三）体育教学评价的原则

体育教学评价是一种以教学目标为标准，对学生和教师进行系统化、综合型评估，并处于不断发展、不断完善的体系，对于提升教师的教学质量，增强学生的学习力和独立思考能力有重要的参考价值。但是，体育教学评价同样需要完善的规则制度作为标准指导体系的完善，而完善的规则制度必须具备以下原则：

1. 科学性原则

在体育教学评价中，应注重从评价程序和方法以及评价目标入手，进行科学设计和安排评价标准，尊重客观规律，做到从实际出发，避免教学过程中的盲目跟风、经验主义，进而提高体育教学过程的科学性、合理性、严谨性，提升教师的教学质量。

要做到科学性，可以从以下三个方面入手：

（1）端正态度。如果在体育教学评价过程中质疑科学，盲目迷信个人经验，甚至是以个人直觉作为作出决策的依据，必然会导致不良后果。

（2）健全体系。建立健全的、合理的评价体系，才能合理安排和设置课程内容，实现理论与技能的双重教学。

（3）科学方法。科学的方法是体育教学评价沿着正确、合理的方向发展的重要途径，直接影响评价结果是否公正、公平、正确。

2. 客观性原则

客观性又称真实性，与主观性相对，指事物客观存在，并不以人的主观意志为转移的属性。在体育教学评价中贯彻客观性原则，需要以实际存在的资料为依据，坚持实事求是的态度，对体育教学取得的实际成果、教师的教学质量及学生的学习质量进行客观评价，不掺杂主观臆断和个人情感，否则，就会使体育教学评价失去原有意义，变成个人情感输出的工具，甚至作出错误的策略调整。

要做到客观，可以从以下三个方面入手：

（1）态度客观。评价者要坚持公正的立场，客观地对被评价对象作出价值判断。

（2）方法客观。评价内容、方法与主体要多元化，多方面、多角度地搜集资料，制定适合所有被评价者的方法。

（3）标准客观。尊重被评价者的个体化差异，制定客观标准，适应不同群体的实际。

3. 激励性原则

在体育教学评价过程中，通过评价对象的语言、情感和恰当的教育教学方式，给被评价对象不同层次的肯定和认可，使之在心理上获得自信，进而改善不足、促进发展，这种原则被称为激励性原则。贯彻激励性原则，有两方面不容忽视：首先，要确保评价结果的公平、公正、公开；其次，要秉持"理论联系实际，注重事实"的原则，尊重被评价对象的个性和可能性，以激情的激发替代一味地灌输，使其愿意接受评价结果。

4. 全面性原则

全面性原则要求在进行体育教学评价时，把被评价对象作为一个有机统一整体看待，对其全面考查和描述，既要肯定取得成效的一面，又要看到存在的问题，多维度、综合性，面面俱到。

贯彻全面性原则，可以从以下三个方面入手：

（1）充分考虑各个评价对象。体育教学评价的对象既包括教师的教学质量，又包括学生的学习质量，以及双方在教学过程中的良性互动和结果，这些内容构成体育教学活动的过程。只有充分考虑各个评价对象，才能避免制定评价体系时陷入片面化的误区。

（2）兼顾主次矛盾。主要矛盾在体育教学过程中占据主导地位，对整个过程发展起决定作用，所以对主要矛盾的重点关注十分必要，也不能忽视影响体育教学的其他因素。

（3）有效结合定性评价和定量评价。只有把二者有机结合，使之相辅相成，才能全面评价体育教学成果。

5. 可行性原则

可行性原则指教学评价要从当地教学实际情况出发，评价内容、方案、指标、方法等都要符合具体条件，能够施行，而不是空想。

贯彻可行性原则，需要注意以下三点：

（1）简便易行的指标体系及方法技术。既要清晰明了，便于被评价对象自我认识、自我纠正，又要便于实施和监督。

（2）科学合理的评价项目设置及等级划分。若项目过多，被评价对象始终无法完成，则会使被评价对象陷入自我怀疑；若项目过少，则达不到预期效果。

（3）适应体育学科特色的评价指标。不同学科有不同的特色，要制定适应于体育教学特色的评价标准，尊重学科发展规律。

6. 一致性原则

统一思想、统一方法、统一目标、统一标准是进行体育教学评价的重要前提，只有坚持同样的标准进行评价，才能区分被评价对象的优劣，进而找到适应于不同被评价对象的改进方法，只有同样的标准，才能让评价变得有理有据。在体育教学评价过程中，对教师和学生提出统一的评价标准和指标，实际上是给他们提出具体的奋斗目标和要求，这些指标在教学活动中不能因为不同学校的硬件设施、师资力量、校园环境等因素而变化。

（四）高校体育教学评价的发展

1. 体育教学评价内容的改革

对于体育教师来说，体育教学评价标准会影响其教学内容，若要完善体育教学评价，需要进行全面改革，改革的具体内容主要包括以下四个方面：

（1）改进评价体制，实施多方位评价。传统教学中，学生评价教师时处于被动地位，多数情况下，学生的评价权利会被忽视，而教师处于主导地位。因此，多数情况下，评价成为教师的"专利"。在教学中改革评价体制，首先，教师需要在教学中对学生的身体素质进行了解，以综合素质、运动能力以及学生在学习和锻炼中的表现作为评价依据。具有针对性的评价，往往更加容易调动学生积极性。其次，因为"水平目标"的设立，不同教学阶段的教学任务有所变化，教师需要改变体育内容的选择，体育教学的方式以及方法都要朝着多样化发展。最后，教师要在体育教学中依据学生的运动技能、参与项目、心理健康、社会适应、身体健康5个方面设立评价内容，多方位、全面地对学生进行评价，从而保证评价内容的客观性和科学性。

（2）组建学习小组，增强学生协作能力。组建学习小组，并以学习小组为单位进行评价。该方法在很多情况下都被使用过，其中较多地应用在队列、队形练习、小组排球、篮球比赛、早操及课间操、各种距离的接力赛跑中，能够更好地促进小组成员的合作能力。建立评价小组，主要目的在于促进学生提高社会适应能力。因为小组内学生成绩具有统一性，某一个学生的学习表现是否良好，影响整个小组学生的学习情况，如此一来，小组内其他学生会主动监督不自觉的成员，大家互相监督，健康积极的班级学习氛围就会愈加浓烈，对提高学生学习积极性、协作能力具有非常大的帮助。

（3）评价学生的标准由单一变为综合。在体育教学中，部分学生先天条件优秀，不用积极锻炼也会在体育测试中获得良好的成绩，而一些学生因为先天不足、自身条件不高的限制，即使在体育课堂上非常积极地锻炼，在体育测试中也难以取得理想成绩，如此一来，会对先天条件较差的学生心理产生一定影响。因此，体育教学评价学生的标准需要由以往单一的锻炼为标准转变为以综合能力为标准。体育成绩中，单一的评价并不全面，也不科学，还应该对学生进行综合考量，正确的方法便是依据课程改革，按照最新颁布的"学生体质评价标准"对学生进行考核，如此能够兼顾体弱的学生，让其在体育运动中有参考标准，也能够让先天条件优越的学生朝着标准继续努力，可谓是一举两得。

（4）综合运用过程评价与结果评价。在早期的体育教学评价过程中，仅仅重视学生学习结果的评价，重点关注学生的运动成绩，而忽略学生学习过程中的行为表现，从而导致教师和学生一味地追求最终的学习成果，感受不到体育运动带来的乐趣，学生的学习动力没有被激发出来，体育教学效果自然也无法突显出来。因此，要打破传统的体育教学评价模式，综合运用多种不同的评价方式，对体育教学活动进行全方面、多元化评价，同时将评价结果及时反馈给学生，让学生寻找自身存在的缺点并加以改正，有利于学生正确、客观地认识自己的学习情况。

过程评价指在教学过程中直接评价学生的"练习过程"，运用这种评价方式，除了可以提高学生的积极性之外，还起到一定的监督和激励作用。对于先天条件较差但努力练习的学生，过程评价可以提高他们的自信心，激励他们积极参与体育活动；对于先天条件优秀但缺乏积极性的学生，可起到监督和促进的作用。

2. 体育教学评价的发展趋势

体育教学评价作为教学管理的方式和手段，得到各教育工作者的广泛关注和高度重视，并呈现出明显的发展趋势，可以通过以下方面进行阐述：

（1）更新评价理念，扩展评价内容。体育教学的评价理念除了要体现出科学性，还要符合素质教育发展的要求。要明确体育运动在素质教育中的地位和作用，根据学生实际的体育运动情况，制定详细的培养计划和目标，并根据体育教学目标设计相应的教学评价指标。除此之外，需要注意，教学评价指标的设计要符合科学性要求，教学评价方法的选用要符合有效性要求。

目前，各方都加大对学生素质教育的力度，但并不意味着文化教育的重要性有所降低，更不能说明体育教学仅仅局限于形式，而是要从本质上建立体育教学评价的指导思想。对于评价理念的创新发展，具体有两种正确的做法：一种是改变评价视角，从单一的评价视角转变为多元的综合评价视角；另一种是在淡化考评选拔价值和作用同时，强化教育、反馈和激励等作用。

如今，无论是教育领域的工作者，还是学术领域的工作者，都普遍认为各学校所制定的体育教学目标各不相同，并且教学目标具有多样性的特征。对于体育教学目标的实现，体育教学评价起到积极的促进作用，体育教学评价内容的设计取决于教学目标。因此，体育教学评价内容也趋于多元化，评价内容除了包括知识与技能的考评，还包括评价对象的主观表现，比如情感、兴趣和态度等主观层面。

（2）实施个体化相对评价。如今，各大学校出现了学生厌倦体育课的情况。从学生发展角度看，处于青春期阶段的学生是非常热爱体育运动的，但现实情况与此不一致，随着学生的成长，其对体育运动的抵触心理和厌倦情绪越来越明显，原因在于体育教学目标的设置不合理以及体育教学方法的选用不恰当，尤其是对统一评价指标体系的错误运用。比如，每个学生的先天条件各不相同，有些学生具备优秀的先天条件，即使没有付出足够的努力也能取得一定成果；对于先天条件较差的学生，要取得优秀的成绩，需要付出更多的时间和精力，也就是说，先天条件的差异化影响学生参与体育运动的积极性。基于此，需要逐步实施个体化相对评价。通过结果评价方式，调动学生参与体育运动的积极性。

（3）运用综合评价方式。

第一，有机结合定性评价与定量评价。在体育教学评价中，通过定量评价方法，不仅保证教学评价的客观性和准确性，还提高了定量评价的地位。需要特殊注意的是，体育教育非常复杂，包含多种不同的人文因素，而定量评价方式并不适用于评价人文因素。因此，要将定性评价和定量评价有机地结合起来，从而得出准确且客观的评价结论。

第二，诊断性评价、形成性评价和终结性评价的综合运用。传统的体育教学评价比较重视终结性评价的运用，但这种评价方式存在弊端，即教学评价的反馈作用无法体现出来，无法对学生的体育学习起到激励作用，学生对体育运动的学习没有形成正确的认识。与此同时，体育教师的教学方法也得不到完善和优化，其原因在于终结性评价是在每个学期的期末考试结束之后进行。因此，为了防止再次出现这样的问题，应改变体育教学的评价方式，从原来的单一性评价方式转变为综合性评价方式，即综合运用诊断性、形成性和终结性的评价方式。每种评价方式都有其优势，其中诊断性评价具有时效性，能够及时反映学生的学习情况；形成性评价可以促使教师及时发现自身存在的问题，反馈结果有利于教学工作的改进和完善；终结性评价为教师的自我认知提供依据，有利于教师对某个阶段的教学质量和效果形成清晰认识。

第三，充分结合自评与他评。早期的体育教学评价以他人评价为主，忽视了体育教师的自我评价。事实上，体育教师的自我评价是教学评价中不可或缺的重要组成部分，相比于其他学科的教师，体育教师已经对体育教学活动形成非常全面和准确的认知，并且对自身的教学水平也有一个相对清晰的认识。因此，教师的自我评价能够提供教学评价的准确性。此外，由于教师在评价自己的过程中受到利益因素影响，可能会存在不切实际的评价内容，导致评价缺乏客观性。基于此，应该将这两种评价方式充分结合起来，从而得出既客观又准确的评价结论。

除此之外，学生要客观准确地评价体育教学质量和效果，需要换位思考。对于学生而言，自我评价也是至关重要的评价方式。学生在进行自我评价的过程中，要以体育教学目标为评价依据，原因是体育教学目标为学生的体育运动发展明确了方向。此外，学生的学习目标也是非常重要的评价依据，将两个目标作为评价依据，有利于学生提高自我认知能力。

二、高校体育教学设计评价及实施

针对体育教学设计作出的评价是体育教学设计评价。对教学设计结果检查的过程，也就是对体育教学方案进行检查和完善的过程。在正式将体育教学设计方案推行之前，先试用一段时间，以便于了解设计方案的不足、实用性和具体实施情况等。如有缺陷，则可予以修正，再试用，再修正，直到满意，以提高体育教学设计的质量，保证获得最优的体育教学效果。

体育教学设计评价是体育教学设计过程的最后一个环节，也是很重要的一个组成部分。体育教学设计评价从宏观上来讲，应该包括对学段体育教学计划、学年体育教学计划、学期体育教学计划、单元体育教学计划和体育课教学设计等的设计效果和质量评价。然而，在实际工作中，体育教学设计评价主要指体育课教学设计的评价，而对学段体育教学计划、学年体育教学计划、学期体育教学计划、单元体育教学计划等设计评价往往是忽视的。这种情况会随着体育工作者对体育教学工作计划重要性认识的加强而得到改变。

对一份体育教学设计进行评价，是在方案完成后对其进行诊断性评价。在使用具体的设计方案前，需要进行检查，确定是否存在错误，尤其是思想方面，比如体育教学指导思想是否符合要求，教材内容选择是否科学，内容安排是否能满足学生的学习要求、符合现阶段学生的特点，对于人体生理发展是否有利，是否充分考虑学生心理发展的特点等。之所以先对教学方案总体进行评估，是为了教学方案的实施更加顺利，避免造成人力、物力的损失。

完成诊断性评价后，还需要进行形成性评价。形成性评价可以综合多种评价方式，比如过程评价、结果评价、定性和定量评价等。教学设计方案的最后一步评价是总结性评价，经过试用后进行总结评价，也可以将不同的评价方式综合起来。

体育教学设计方案的形成性评价，主要评价的是体育教学设计方案在制定和试用阶段的实用性和有效性。

（一）体育教学设计评价的意义

对体育教学设计的评价是从对体育教学设计方案的评价开始。对体育教学设计方案进行评价的意义有以下五点：

第一，可以不断更新体育教学设计理论，促使其更好发展。

第二，可以让教师对体育教学过程有全面的认识和了解。

第三，可以检验体育教学方案是否完整、科学合理。

第四，帮助体育教师熟悉体育教学设计的过程和具体实施步骤。

第五，在实施体育教学方案之前对其进行检查，不断完善，以保证后期教学的正常进行，为学生提供高质量的体育课程。

所以，对体育教学方案进行评价是优化体育教学方案中最主要的步骤。

（二）体育教学设计评价的方法

第一，设计者进行检查和评价，按照体育教学的相关要求进行检查，将需要完善的方面整理出来，并进行反馈。

第二，邀请其他体育教师对体育教学方案进行评价。可以让有经验的体育教师结合自身工作实际和体育教学要求，分析体育教学方案的合理性和可实施性，为设计者提供修改意见。

第三，邀请体育教学理论和实践方面的专家对体育教学方案进行评价，在理论和实践方面为设计者改进方案提供指导。

（三）体育教学设计方案的实施与评价

1. 制定评价标准

评价标准的制定可以采用百分比、等级制等。在制定评价标准时应当尽可能地采用定性和定量相结合的方法。

为评价某一动作技能的掌握情况，可让学生单独展示所接受的动作技能。

学生在独立的状态下，能够顺利演示学习的动作技能，可认为学生的技能掌握是有效的。

2. 选择评价方法与工具

经常使用的主要评价方法有测试、调查和观察。

收集任何资料都要借助评价方法和工具。测试主要是通过一定的器材、方法，设置一定的项目或试题，对学生的行为样本进行测量的系统程序。测试适合于收集体育与健康的认知目标的信息。

调查一般有两种方法：问卷法和访谈法。问卷法指通过书面形式向学生提出问题，从学生的答卷中获取信息的方法。访谈法指通过与学生进行个别交谈或集体座谈获取信息的方法。

观察是为了达到某种评价目标，通过在现场记录所观察的，获取必要资料的方法。在进行观察之前，要准备好观察所用的表格和记录工具，明确观察内容，做到有的放矢。

3. 收集设计资料

（1）向体育教学方案的设计者收集资料。在开始教学前，应向体育教学方案设计者说明情况，即评价方案的目的是更好地了解方案的质量而非设计者本人的能力，设计者本人不必紧张和焦虑。

（2）观察教学。使用教学方案的过程中，需要安排专人对整个教学过程进行观察并记录，记录的内容包括：①进行每一项体育教学活动所需要的时间；②教师在教学中如何指导学生、开展各项教学活动；③学生提出的问题主要集中在哪些方面；④教师对于学生的问题是怎么解决的；⑤学生在学习过程中的表现，学习是否主动、有无认真听教师讲解；⑥学生的知识掌握情况。

（3）后置测试和问卷调查。体育教学设计方案一般会先试用一段时间，试用后对其进行测试或通过问卷调查的形式进行评估。测试可以得到学习者的成绩，问卷调查主要是相关人员反馈自己对教学的意见。测试卷和问卷调查一般分开进行，在体育教学方案适用结束后开始。如果为了了解体育教学设计方案对体育健康知识和动作技能等方面的作用，测试和问卷调查应该推迟一段时间进行。

4. 归纳和分析资料

分析观察通过测试和问卷调查所获取的信息。具体做法是：对照相关要求，将所获得的数据与之对比，观察两者之间的差距。通过分析、对比发现其中存在的问题，然后对这些问题进行分析，找出问题产生的原因并改善。

5. 评价结果报告

评价完成后，把对体育教学方案的评价等情况以书面形式呈现出来。

形成性评价的内容主要包括：①体育教学设计方案的名称；②体育教学设计方案试用时遵循的原则；③体育教学设计方案试用的具体范围；④使用过程中需要注意的问题；⑤设计方案在评价时的侧重点；⑥对体育教学设计方案的总体评价；⑦设计方案存在的问题及需要完善的地方；⑧对教学设计进行评价的人员姓名和职称；⑨评价体育教学设计所用的时间。除了要提交评价书面报告，还需要提交评价数据表、采访相关人员得到的反馈、分析说明等。

第四章　高校体育信息化教学模式发展

第一节　高校体育的微课教学模式

一、微课教学模式的解读

微课是一种全新的教学理念，"微课"的全称就是"微型视频网络课程"。大约在20世纪末微课开始在世界各国的范围内流传并被高校应用。微课的发展十分迅速，深受学生的喜爱。在全世界的范围内，最早关注微课并将这种教学的理念应用到教学实践中的高校就是美国的圣胡安学院，在圣胡安学院的教学尝试中，他们把微课称之为"知识脉冲"，这种知识脉冲是很独特的知识，它能够带给学生不一样的学习体验。在微课教学中，人们运用最多的教学方式主要有两种：第一种就是在线学习，第二种就是移动学习，而且微课教学一般都能够突出教学的重点以及教学的难点，它的教学时间都比较简短，控制在10分钟以内，从而能够使学生高度集中学习的注意力，使学生都乐于学习，乐于接受这种学习的形式。

在教育部教育管理中心的相关正式文件中明确规定，微课的全称就是微型视频课程。由此可见微课也是一种课程，它在教学中采用的呈现方式主要是教学视频。在实际的微课教学中，教师通常都会围绕一定的知识点展开讨论，结合微课视频开展一系列教学活动。从广义的视角进行分析，"微课"就是一种解说或者一种演示，这种演说或者演示是围绕某个主题的知识点展开，同时微课视频通常都比较简短，因而人们可以突破时空的限制利用微课开展碎片化的学习，学生的主要学习形式就是在线学习；从狭义的视角进行分析，"微课"设计的主要目的就是为了满足学生的实际学习需求，"微课"是以微课视频为主要载体的信息化教学活动。每个学生都是独立的个体，学生个体之间存在个体差异，因而微课能够使学生根据自身情况开展学习，能够实现学习的个性化。需要强调的是，"微课"和"微视频"是两个不同的概念，二者之间有一定的差异。具体分析而言，微课包含很多部分，如微视频、微课件、微练习等，因而可以说，微视频是微课的一部分，并不是微课的全部。

（一）微课的显著特征

微课和传统的教学方式相比，微课具有很多显著的特征，其显著的特征主要包括如下五个方面：

1. 微课的主题更加明确

教师在教学实践中应用微课的主要目的就是为了解决很多传统教学模式在课堂中无法解决的教学难题，例如，教学的知识点复杂且缺乏一定的逻辑性、教学的重点和难点不突出等问题。

一般情况下，教师在制作微课视频时，他们都已经有了明确的主题，一般教师制作的微课都是围绕着教学中的重点知识或者难点知识展开的，这样微课教学就能够有鲜明的主题，也能够易于学生的理解，帮助学生理清学习的思路，使学生轻松地掌握教学中的知识点。

2. 微课更加弹性便捷

在我国传统的教学模式中，课堂教学时间一般都是固定的，即每节课一般规定为 45 分钟。在微课教学中，微课视频的时间一般都比较短，只有 5 到 10 分钟的时间，因而年龄比较小的学生在学习微课视频时比较容易集中注意力，不容易分心，而且这些短小的视频也很容易吸引学生的注意力，激发学生的学习兴趣。

此外，微课的资源易于下载和储存，学生只需要携带移动设备就可以随时随地开展学习活动，非常便捷，具有极大的灵活性。

3. 微课实现共享交流

在互联网时代，网络为人们的生活提供了很多便利，它的显著优点就是网络可以实现资源的共享。由于微课教学依托于先进的网络技术，因而微课还有一个显著的特点，那就是微课可以实现资源的共享。

微课还可以为教师和学生提供一个网络信息交流的平台，当教学结束之后，教师就可以把相关的教学视频资料上传到网络上，从而供其他教师以及学生学习和借鉴。这也有利于教师之间切磋和学习，促进教师专业发展。

4. 微课的多元真实性

微课的多元特点主要是指微课的资源形式非常丰富，它不仅包括视频形式的微课资源，还包括微教案、微课件等教学资源，教学资源的形式是非常多样化的。和我国传统的课堂教学模式相比较，微课这种多样化的教学资源可以提升学生的学习兴趣，使教师的教学更加精彩。在日常的教学实践中，无论是教师还是学生，他们在利用微课资源时都能够从中学习很多东西。

对于学生而言，学生在利用微课学习时，他们可以利用相应的微练习来对已经学习过的知识进行练习和巩固，他们可以利用相应的微反馈来检查自己的学习效果，并查看错误题目的答案，巩固自己的知识。这整个过程可以大幅度提升每个学生的思维能力，使学生对自己的学习能力更加清晰的认识。

对于教师而言，教师在制作微课的过程中也可以学习很多微课制作技巧，可以升华自身的教学技巧等，这个锻炼的过程也有利于教师的专业发展。微课的真实性特点主要是指微课在设计时都会选择真实的场景，从而使教师把微课和传统课堂教学结合起来。具体分析而言，教师在选择微课的场景时通常都会选择和所学专业相关的场景，如教师通常会选择高校的体育馆等场所来录制体育教学中相关的微课视频，又如教师通常会选择专业的化学实验室等场所来录制化学教学相关的微课视频资源，这样能够体现出微课的真实性。

5. 微课更加实践生动

前四个方面的特点使得微课受到社会各界人士的好评，对于一线教师来说更是如此。由于微课开发的主体是广大一线教师，加之微课开发的本身就是以高校的教学资源、教师的教学与学生的学习为基础的，越来越多的高校通过微课这种新的学习方式进行探索研究，挖掘本校的微课建设，本身就具有很强的实践性。

在实践的过程中，需要注意微课的表达方式，生动活泼不仅体现在精美的画面、动听的音乐以及明确的主题上，还体现在精心设计的流程及其相应的互动方式上。

（二）微课教学的前提

1. 学生的自学能力

在微课教学中，学生必须具备较强的自学能力才能顺利地完成教师提前布置的学习任务，这就要求每个学生不断提升自身的自学能力。对于学生而言，其自学能力的提升和很多因素有关系，学生不仅要端正学习的态度，还要加强自身专注力的训练、提升自制力以及积极地排除很多消极因素的影响。

在实际的微课教学中，教师可以从三个方面来培养学生的自学能力：第一个方面，教师要在教学中采用多样化的措施来提升学生的学习兴趣，学生只有对学习充满了浓厚的兴趣，他们才愿意投入体育的学习中去，他们才愿意花费时间以及精力来学习体育；第二个方面，教师在教学中要多多鼓励学生，要多给予学生一些积极的评价，从而使每个学生都能够对自己充满信心，自信心对于学生而言非常重要，它能够让学生不断认可自我，这也可能成为学生不断进步的动力；第三个方面，体育教师要和学生之间建立一种十分融洽、和谐的师生关系，这样在微课教学中，教师和学生是处于一种十分平等的地位，学生也能够在十分愉快的学习环境中学习体育知识，锻炼各项技能。

总之，教师应该在潜移默化中培养学生的自学能力，从而为微课的教学做准备。

2. 科学化的教学理念

基于信息化技术，各行业都开始了不同的变革，在教育领域也是如此。信息技术的支持，使我国的教育发展走上了快车道，各种信息技术应用在教育教学中，极大地提高了教育教学质量。信息技术使得各种教育设备具有了更高的可靠性，并且使用起来也更加便捷，网络技术的进步也使得教育教学不再受到地点以及时间的限制。先进的教育理论是实现信息技术与教学整合的必要前提，在教育教学中发挥着重要作用。从信息技术层面上看，信息技术在教育中应用的过程是信息技术手段在体育学科中的应用过程，而从教学改革上看，信息技术在教育中应用的过程则是教学改革的过程。理论与实践是相辅相成的，没有理论指导的实践是不会成功的，如果没有正确的理论作指导，教学改革将无法成功。

我国对推进信息技术在教育教学中的应用制订了一系列政策，提出了一些要求，例如，必须将优质的数字教学资源完善起来，将信息技术深入应用到教学中去，在教育教学中使用信息技术进行创新，使用信息技术来解决教育教学中的难题等。信息技术使人们的教学和学习活动有了更加广阔的空间，不仅可以进行实时学习，而且可以进行异地异时学习。教师和学生之间不再是简单的课堂上的联系，而是借助信息技术开展远程教学、网络协作教学等，这些多种多样的教学模式将教育与教学引入了一个更加高效的阶段。在信息化的教学环境中，教师和学生不再被动地讲解和学习知识，而是充分发挥网络的作用，教师可以在线指导学生开展学习，也可以学生自学然后将疑问传递给教师，这种教学模式极大地解决了教师和学生不同步的问题。并且，学生可以随时随地开展移动学习，充分利用自己的碎片化时间。

在微课模式下，教学变得更为简单。对于学生来说就可以根据自己的步调进行学习，这样转了自己的学习状态，化被动为主动，学生显然可以根据自己的兴趣开展学习，在此种背景下，学生学习的主动性就会得到发挥，从而开展自主学习，从而提高学生的自信心。由于微课的时长较短，则它占据的内存就比较少，下载只需要花费很少的流量，方便了学生在移动设备上观看和下载学习。微课视频还具有一定的其他功能，例如可以随时观看和暂停、随时快进和后退，这些都为学生的学习提供了很大的方便。学生观看微课视频之后，如果不理解，还可以反复观看，当看到有兴趣的内容时也可以再次观看。微课还方便了学生在任何时间和任何地点来学习，没有课堂上学习的时间和空间限制，真正实现了碎片化的学习。微课打破了传统教学模式的限制，将各种优秀教师的教学课件、教学视频集中到微课平台上，使学生能够轻松地获得优质的学习资源，感受名师的教学课堂。微课拓宽了学生的学习渠道，丰富了教学资源，有助于学生掌握多元知识。这种微课视频学习方式，对教学和学习带来的变革是历史性的，也符合我国建设信息化教学的要求。微课真正将信息技术与教育教学结合起来，培养了学生自主学习的能力。

总之，微课利用现代信息技术实现了信息化教学，这种教学方式的更新极大地调动了学生的学习兴趣，也解放了教师的双手，使教师有更多的时间研究教学，而不是制订教学内容，这是时代发展的结果，也是教学的发展趋势。

3. 成熟的信息技术

信息革命浪潮的兴起，促进了互联网的全球化普及，让世界各地的人们可以更加近距离的交流。信息技术的发展同样也带动了其他技术变革，对社会发展产生了非常重要、深刻的影响。现代社会是信息化社会，所有领域都在试图利用信息技术进行变革，信息技术的快速发展对社会的发展产生了不小的影响，也提出了比较高的要求。在这一社会转型时期，人们必须要转变观念，用新的眼光来审视教育制度，对教学模式予以创新，并重点思考怎样在教学中运用信息技术，使信息技术成为教学改革的重要推动力。在这一高速前行的信息化潮流中，教育的目的也发生了变化，其中一个比较重要的目的就是，使人借助信息技术来丰富自己的知识，提高自己的专业技能。信息技术对教育的变革体现在很多方面，一方面，它改变了人们的学习习惯与学习方式；另一方面，它改变了高校长期以来固有的教学模式。鉴于此，高校也要转变既有观念，重新审视技术在教学中的重要性，要适当引入信息技术，使其可以在教学变革中发挥重要作用。新型教学模式的开展离不开多功能教室的支持，在网络的支持下，教师可以根据教学需要从而创设出不同的教学情境。当教师利用信息技术向学生展示教学内容的时候，多方位的展示显然会加深学生对知识的了解，这样也利于课程的顺利开展。

（三）微课教学的类型

微课的类型划分并没有唯一的标准。按照不同的标准，微课可以有不同的分类方法，每种分类方法又可划分出不同的微课类型。

1. 按照用户与功能划分

按照用户与主要功能进行划分，微课主要有以下类型：

（1）学生学习微课。学生学习微课主要的用户是学生，一般是通过录屏软件来录制的，将各学科的知识点的讲解录制下来，每个知识点大概在十分钟以内。这样学生可以根据自己的学习情况，选择自己需要的微课视频来学习。这类微课是翻转课堂教学的重要组成部分，是微课建设的主流方向。

（2）教师发展微课。教师发展微课主要的用户是教师，这种微课包含的主要内容是教学理念、教学方法、教学评价机制等，主要是对教师的教学技能来培训，也是教师设计教学任务的模板。教师发展微课用于教育研究活动、高校教师培训、教师网络研修等，这样可以提升教师的教育教学能力，改善教师的工作方式，促进教师的专业发展。

2. 按照教学方向划分

从教学目的方向进行划分，微课主要有以下类型：

（1）讲述型微课。讲述型微课是一种通过口头传输的方式来教学的微课类型，教师在课堂上主要对重点和难点知识进行讲述。

（2）解题型微课。解题型微课是通过对一些典型的例题进行解析，来对其中的知识点进行教学的类型。

（3）答疑型微课。答疑型微课是通过对学科中存在的一些疑点进行分析，然后获得答案来进行授课的类型。

（4）实验型微课。实验型微课对自然学科比较适用，例如生物、化学、物理等学科，可以通过实验步骤来学习其中的知识。

3. 按照录制方式划分

按照录制方式进行划分，微课主要有以下类型：

（1）摄制型微课。摄制型微课是通过电子设备如录像机、摄像机等来录制课件的方式，可以将课堂上教师讲解的一些知识摄制下来，形成教学视频。

（2）录屏型微课。录屏型微课是通过使用录屏软件来录制微课视频的一种方式，如可以使用 PPT、Word、画图工具软件等将教学内容整理出来，然后在电脑上讲解，在讲解的同时使用计算机上的录屏设备进行录制，可以将声音、文字、图画等内容收录进来，经过进一步制作之后就形成微课视频。

（3）软件合成式微课。软件合成式微课是指事先制作好教学视频和图画，然后根据微课的设计脚本，导入不同的内容，通过重组形成一个完整且系统的微课视频。

（4）混合式微课。混合式微课包含以上几种类型，将之混合使用就成了混合式微课。

上述提及的微课视频类型都是初级的资料，要成为可以教学的视频还需要通过后期制作。

二、高校体育中微课教学的价值与可行性

（一）高校体育中微课教学的价值

1. 促进教育教学模式改革

"随着网络时代的到来和手持数码产品的普及，微课程必将成为一种新型的、高效的教学模式和学习方式，这一点在高校体育教学领域也不例外。"① 对高校教育来说，微课是一项十分宝贵的教学资源，同时它也为高校的教育教学改革奠定了重要的基础。微课的价值和意义是深远的，它不仅会对学生产生很大的影响，它还会对教师产生很大的影响，同时微课还有利于教师的专业发展。在我国一直实施的教学改革中，微课也是重要的组成部分。

目前，随着信息技术的快速发展，已经有各级各类的高校开始尝试在线教育，尤其在特殊的情况下，如新冠肺炎疫情期间，在线教育成了高校教育重要的补充方式。在人们的日常生活中有很多场合运用了在线教育，如寒假或者暑假时间，学生利用在线教育完成教师安排和布置的教学任务。在具体的在线教育实践中，微课就成为重要的学习资源，微课的优点很多，它的内容重点突出，它的时间一般比较短，能够快速吸引学生的注意力等。微课的这些优点就使微课成为在线教育重要的学习资源。对于教师而言，教师如果直接从网络中下载教学视频资源，教师往往还需要花费大量的时间和精力来处理这些教学视频资源，而教师如果利用微课开展教学则可以省去处理的时间，因为微课往往知识点清晰，易于教师使用。

2. 影响教师的专业发展

通常情况下，教师在教学实践中主要是向其他的教师同行学习和取经，从他们身上学习宝贵的教学经验。然而在一个高校里面，教师的数量毕竟是有限的，教师在实践中可以学习和参考的教师是有限的。在体育教学中开展微课教学则可以使教师扩大自己的交际圈，体育教师可以认识和学习很多其他优秀体育教师的教学经验，反思自己的教学过程、方法等，从而改进自身的教学。微课资源的制作者就是辛勤的教师，这些微课包含教师的教学思路和智慧，因而在教师实践社区中，不同的教师在交流和探讨微课资源时也是在学习和借鉴其他教师的智慧。这种交流和沟通有利于体育教师的专业发展。

3. 改变校外教育的形式

随着越来越多的人熟悉和应用微课，目前我国有不少的在线教育企业尝试着把微课应

---

①张修昌. 网络时代高校体育微课程研究［J］. 湖南科技学院学报，2015（10）：178.

用到在线教育实践中，从而体现出微课的商业价值。在在线教育中，微课的应用非常广泛，并取得了显著的教学效果，如中学生以及小学生的课外辅导中以及社会人员专业技能学习等方面。

随着信息技术的快速发展，我国涌现出了很多开展在线教育的企业，其中有一些企业最初是开展线下课外教育，后来进一步开展线上教育的企业，还有一些企业直接就是开展面对中小学生的在线教育。虽然这些在线教育企业的发展步伐并不一致，但是它们都在教学实践中融入了微课，这种线上教育模式具有很大的优势，能够为学生营造良好的学习氛围，并节约学生的时间，提升学生的学习效率。

（二）高校体育中微课教学的可行性

1. 微课教学时间短有助于反复学习

在微课程教学中，一个具有决定性影响的部分就是教学视频。对于高校体育微课程教学来说，这一点也不例外。在应用微课程的时候，体育教师需要考虑众多因素，如学生的学习情况、不同院系学生的差异等，在此基础上制作针对性比较强的教学视频。

当前多媒体技术飞速发展，在计算机的辅助之下，即使计算机水平比较低的教师能够比较轻松地完成视频的录制。在教学视频中，教师对学生体育练习中遇到的问题进行重点讲解，并且通过亲身示范来向学生展示关键动作，学生在学习微课程的时候，可以反复观看教学视频，达到掌握各种动作的目的。

此外，由于微课程的教学视频比较短小，往往在 10 分钟之内，学生可以在课下利用碎片化的时间随时随地观看学习，这为学生的学习带来了非常大的便利，也有助于体育教学水平的提升。就当前而言，高校的体育教学明显存在课时少、课程设置不合理的问题，这就导致学生的体育学习时间非常有限，也无法很好地掌握教师在课堂上所传授的内容，而教学视频则有效地弥补了这方面的不足，使课堂体育教学得到了很好的补充。

2. 微课有助于明确体育教学的内容

微课程教学通常针对的是课堂教学中的重难点内容，学生在经过微课程学习之后，能够对重点知识形成系统的把握，也能够对学习中的难点有一定的了解，从而积极寻求教师的帮助。

体育教学利用微课程开展教学，能够在很大程度上提升课堂教学的针对性，这样一来，由于前期学生已经自主学习了相关的内容，教师在开展课堂教学时会更加顺利，与此同时，教师还可以根据学生的学习情况进行一定的补充与延伸，不断增强学生的体育学习效果，从而促进体育教学水平的提升。

体育教师在对微课程的内容进行设计时，不仅需要根据高校的教学要求，还要充分考虑学生的实际学习需求，不断优化教学计划与知识结构，以促进体育教学目标的顺利达成。

除此以外，由于微课程教学充分利用了多媒体的优势，将文字、图片、音频、视频等资源有机地整合在一起，使体育教学内容更加直观、形象、生动，从而营造了良好的学习氛围，有助于增强学生对知识的理解与记忆。

3. 微课有助于提高学生的学习兴趣

大学生正处于人生中的青年阶段，追求个性、敢于突破，对事物充满好奇心与新鲜感。微课程是一种新兴的教学形式，对于学生来说，具有非常强的吸引力。

将微课程应用于高校体育教学，能够为学生提供一种崭新的学习平台，增加学生之间的互动交流，使学生的学习更加高效与便捷，从而最大限度地激发学生的学习主动性与积极性。

在体育微课程教学中，教学视频是最主要的教学载体，教师围绕教学内容，选择合适的素材，制作教学课件，设计教学环节，并辅之以必要的教学反思、教学点评、测试考核等，从而构成涵盖诸多内容的体育教学微课程，这样的体育教学具有内容充实、结构紧凑等诸多优势，能够极大地激发学生的学习积极性，从而促进体育教学质量的不断提升。

除此以外，教师在运用微课程的时候，还可以充分利用网络平台设置各种各样的互动活动，增加师生之间以及学生之间的交流，营造良好的教学氛围，构建和谐的师生关系，使学生在轻松、和谐的环境中开展各种学习活动。

与此同时，教师也可以在与学生的交流互动中了解学生的体育学习情况，并在此基础上对自己的教学计划与教学内容进行适当的调整，以促进体育教学质量的提升。由此可见，微课程应用于高校体育教学，不仅是必要的，而且是非常重要的。

三、高校体育中微课教学模式的设计要点

（一）高校体育微课教学模式的设计内容

在设计微课的时候，需要对学生进行细致的分析，在仔细斟酌的基础上选择微课的内容，充分考虑学生的实际学习需求，对课堂的主题进行细化处理，根据需求合理地选择各种教学媒体和软件。设计好微课之后，可以在网络或者课堂上试用，根据试用的效果对微课进行优化调整，从而使其更加符合实际的教学需求。微课设计模式主要包括以下方面的内容：

第一，明确微课设计学习目标。每一门课程都有其具体的教学目标，体育教学自然也

不例外。体育微课的设计要根据教学目标的要求对重难点进行合理的设计。在此基础上，紧紧围绕教学目标对具体的教学过程进行设计。需要注意的是，学习目标的设定应当在充分考虑学生的基础上进行，这样才能使目标更加具有针对性。

第二，学生分析。如学生学习方面有何特点、学习方法怎样、习惯怎样、兴趣如何、成绩如何等，将学生的各种情况充分考虑在内，尽量使微课的设计具体到每一个细小的环节，以满足学生的多元化需求。

第三，学习内容分析。对知识之间的关系进行细致的梳理，可以在教学内容之后设计一些具体的练习，以便于及时把握学生的学习情况，从而获知学生微课学习中的重难点。在高校体育微课学习中，知识点是相对完整的学习内容，也是课程目标之下最小的知识单元，某一个概念或者动作要点都属于一个相对独立、完整的知识点。

第四，选择学习策略。在进行体育微课设计时，要重视学生的主体地位，根据具体的学习内容及学生的实际需求选择适当的教学方法。这对于学生更好地掌握学习内容是至关重要的。

第五，课程资源开发。微课作为一种新兴的教学形式，具有非常强的开放性与互动，因此其资源也不局限于传统的教材与课本，而是多元化的，因此对微课资源进行开发时，要充分利用互联网的优势，注重资源的多元化。

第六，学习活动设计。微课的时间虽然比较有限，但是其内容是完整的，因此微课也包括多个教学环节，每一教学活动的设计都要以学生的实际学习情况为前提，辅之以教师的指导，在各种学习活动中不断推动学生学习能力的提升。

第七，评价设计。微课教学评价的设计主要是为了了解微课最终所实现的学习目标是否同预期的一致。在进行评价设计时，要注意评价的多样性与全面性。

第八，微课在学习活动中实施与评价反馈。微课在具体实施过程中的开展情况以及最终所实现的效果，都能够为微课的进一步调整与完善提供有效的依据。

（二）高校体育微课教学模式的设计要求

在高校体育教学中应用微课教学模式，应当首先对其目标进行明确的定位，并综合考虑多等方面的因素，才能使微课发挥价值。在对高校体育微课进行设计的时候，应该遵循定向性原则，将体育学科的内涵作为中心，紧紧围绕体育课程的培养目标开展各项工作，重视教学内容的设置，尊重学生的主体地位，使体育微课真正适合学生的需求，发挥原有的价值。

课程的设计往往需要根据学科的教学大纲与教学计划来进行，体育微课作为一种微缩版的课程形式，其设计自然也不例外。微课具有非常强的开放性，并且具备良好的开发潜能，能够使学生在学习中获得更多的自主权，因此微课对于高校体育教学具有非常重要的意义。

第一，在对高校体育微课进行设计的时候，要将微课与课堂教学紧密结合在一起。通常来说，体育课中都会有体育常规，微课也应当重视与体育常规的结合。微课是一种针对性较强的课程形式，其中的教学内容涉及了重点、难点或者是个别知识点的讲解，与体育教学结合在一起，能够使两者相辅相成，互为补充。每一所高校都有其自身的办学特色，微课的设计应当充分与高校的体育办学特色结合在一起，打造具有特色的体育微课。微课的设计应当尊重学生的主体地位，重视学生主观能动性的发挥，并且充分结合学生的兴趣，向学生展现更丰富的学习内容，从而不断增强体育教学的效果。

第二，体育微课的设计必须将体育学科的定位作为指引，在对微课进行设计的时候，要对各种因素进行充分的考虑，如高校对于体育课的标准定位、高校对于学生的培养目标等，否则，会导致微课失去其本身的价值。

第三，在对体育微课进行设计的时候，应当重视体育知识的筛选，将知识点的数量控制在合理的范围之内。微课作为一种新兴的教学形式，顺应了时代的潮流与高校教学的需要，因此，体育微课的设计也应当将满足实际的教学需求作为根本的出发点。体育微课重在对体育教学中的重点、难点进行讲解，具有很强的针对性。但是，这并不是说，在微课中可以随意设置教学内容，而是要在教学内容保持完整与系统的前提下进行开展微课设计活动。

第四，体育微课的设计不应对一些现成的教学案例进行照搬，而是要重视微课内容的创新性，并且在微课中充分体现出体育教学重视学生身体锻炼的教学理念，使学生将体育知识的学习与体育锻炼充分结合在一起，最大限度地发挥体育微课教学的价值。

在对高校体育微课教学进行设计的时候，应当充分考虑三个方面的因素：①课程资源，即依据课程的教学目标向学生所呈现的具体的学习内容，这也是教材中比较重视的重点与难点；②学习活动，即微课实施的教学过程以及学生所开展的各种学习活动，这方面主要是通过教学的各个环节来体现出来；③反馈评价，微课的反馈评价来自微课设计者、教师以及学生这三个方面所做出的综合性评价，缺少其中任何一方面，反馈评价的结果都不能作为最终的结果。

微课是一种新兴的教学资源，它的发展是建立在实际的教学需求之上的，尤其是它能够紧紧围绕体育教学的知识点展开教学，因此在体育课程中的应用体现出非常强的针对性。需要注意的是，体育微课的设计必须在保持这一学科教学内容完整性的前提下来进行，对于知识点的选择不仅应当重视数量，还应当注重质量，充分体现体育课程的系统性与完整性。

（三）高校体育微课教学模式设计的类型

高校体育教学具有其自身的特点，根据这一特点可以将高校体育微课划分为体育理论微课和体育实践微课两种类型。

1. 体育理论微课设计

体育课程的教学是紧紧围绕教学内容来展开的，教学活动既包括教师的教，也包括学生的学，是教与学有机统一的双向活动。在体育理论教学中，有三个对象的参与，即教师、学生与媒介，教师采用适当的教学方法，辅之以必要的教学媒介，使学生掌握体育理论知识，培养学生良好的体育学习能力与高尚的情操。体育理论的教学既要重视教师的教，也要重视学生的学，教师所开展的教学活动要有一定的目的性与计划性，并重视学生学习活动的反馈。此外，随着社会对人才的要求越来越高，体育理论微课教学也要跟随时代的步伐，不断创新教学内容与教学形式，以满足学生日益增长的学习需求。

2. 体育实践微课设计

由于体育教学有其自身的特点，这就决定了这门课程的教学要将体育实践课的教学作为主体部分，而且教学活动也大多是在室外开展的。在体育实践课教学中，教师做出各种动作，学生进行观察，并模仿学习。这一教学过程中，只有教师具备比较高的教学水平与示范水平，才能将各种动作教给学生，并使学生掌握动作的要领。但是，每一位体育教师都有自己所擅长的一面，也必然有不擅长的一面，很多教师在课堂上通常是将自己擅长的动作教给学生，而学生对于其他的内容则知之甚少，这就导致体育教学存在着一定的局限性，长此以往，也会对学生的全面发展产生不良的影响。将微课应用于体育实践微课教学，可以有效地解决这一问题，教师在微课中将各种体育知识与动作全方位地呈现给学生，使学生更加直观地了解到自己所需要学习的内容，这种方式不仅可以激发学生的学习兴趣，而且能够不断推动体育实践课教学质量的提升。

将微课应用于体育实践课教学应当注意以下方面的内容：

（1）在选择教学内容的时候，要遵循从浅到深、从易到难的原则，如果遇到一些知识点或内容需要进行拆分或整合的时候，处理起来应当非常谨慎。

（2）应用微课的时候，应当充分体现学生的主体地位，注重激发学生的学习积极性与主动性。为了体现出学生的主体作用，教师需要充分考虑学生的实际情况，如学习水平、性格特点等，在此基础上设计出来的微课才能真正满足学生的学习需求，实现促进学生全面发展的目的。

（3）在设计微课的时候，教师要考虑两点：①微课是不是可以对学生的学习起到支持作用；②微课是不是可以帮学生完善知识体系。所以，体育微课的设计必须立足现实的教学情况，根据教学目标的要求以及高校自身的办学特点，有针对性地选择体育项目，使学生既能学会，又能用到实践之中。

（4）兴趣是最好的教师，体育微课的设计应当选择能够激发学生兴趣的内容。只有学生产生了兴趣，才能够投入体育学习之中，真正将终身体育的思想融入自己的内心深处，做到活到老、学到老、练到老。

（5）在设计微课的时候，应当一切从学生的实际情况出发，将学生自主学习能力与互助学习能力的提升作为教学目标，并且将学生的兴趣特点与社会的需求考虑在内。为学生提供更多的自由选择学习内容、学习时间、学习地点的机会，以促进学生学习效率的提升。

（四）高校体育微课教学模式的设计原则

1. 适时分解原则

微课一个非常显著的特点就是使用方便，不受时间、地点的限制，所以，微课的容量体积自然就小，一节微课中所涵盖的内容量比较少，学完一节课所花费的时间也比较短。然而，这并不是说微课的设计是随意的，相反地，微课同一般的课程一样，具有非常强的整体性与完整性，它强调对教学内容进行适时的分解。因此，在进行微课设计的时候，必须遵循适时分解的原则，对具体的学习内容、学习方式以及学习环境等内容进行充分的考虑。

2. 聚焦性原则

在进行微课设计的时候，应当重视知识点的选择，将目光聚焦在重难点或者是考点上，使微课所涵盖的知识点更具有针对性。就高校体育微课的设计来说，遵循聚焦性原则是非常重要的，教师应当注重在微课中融入运动技能的重难点分解、容易出现的失误等真正为学生所需的知识点。如果学生对某些运动项目的需求比较多的话，教师则可以充分考虑项目本身的特点，抓住其中的重难点，制作真正适合学生的体育微课。

3. 简明性原则

微课之所以在时间上比较短暂，主要是考虑了学生在注意力集中方面的特点。通常而言，人的注意力在 5~10 分钟的时间内是最佳的，所以微课抓住了这一特点，力图在学生注意力最集中的时间里完成对知识的学习。因此，微课在知识点的选择上应当非常简明扼要，将重难点知识以及核心的技能技术重点突出，以有效地吸引学生的注意力。

除此以外，语言的运用也要遵循简明性的原则，力图用最简洁的语言将知识点呈现出来，增强学生的理解与记忆效果。就当前而言，高校学生普遍具备了运用互联网搜集资料的能力，加上之前已经具备了一定的运动基础，所以大多数学生都能够很快地掌握一些比较基础的体育知识。所以，教师设计微课时应当充分考虑这一现状，力图使微课重点突出，简单明了，使学生能够更好地利用微课开展体育学习。

四、高校体育中微课教学模式的应用要点

（一）精心解读文本，科学整合教学内容

高校体育教学涉及的内容非常多，包括体育理论、心理健康、球类运动、田径运动等，因此教学的任务比较繁重，课程的时间安排上也非常紧凑。虽然体育教学内容多，但是并非所有的内容都适合采用微课的形式来进行教学。所以，教师必须对教材进行深入的研究，对其中的内容进行优化与整合，使各项内容有机地联系在一起。

例如足球基本技术的教学来说，教师可将此内容整合为四个具体的项目，即基本特点、基本技术、基本战术和基本规则。这四个项目又各自可以划分为三个更具体的层次，即基础内容、提高内容以及拓展内容。基础内容包括运球（脚内侧、正脚背、外脚背）；运球过人；踢球（脚内侧、正脚背）；脚内侧接球；掷界外球；守门员接球。提高内容包括无球技术；大腿接球和胸部接球；头顶球；抢球技术的综合运用；守门员发球。拓展内容包括组织以阳光健身、快乐足球为主题的班级五人制足球对抗赛。

由此可见，经过整合的内容非常清晰明朗，为微课的制作奠定了良好的基础。此外，学生也可以从整合的内容中选择真正适合自己的内容进行学习，从而有效地满足了学生的多元化学习需求。

（二）准确把握设计要点，确保微课质量

第一，凸显课程属性。由于微课是一种比较新颖的教学形式，因此很多体育教师对其了解得并不全面，认为利用微课开展体育教学，只要照搬一些其他课程的微课模式就可以了，殊不知，这样的体育微课很难体现出体育这门课程的特色，也会对体育教学的质量造成不良的影响。所以，体育教师在制作体育微课的时候，需要以"健康第一"理念作为根本的指导思想，在微课中凸显体育这门学科的特色，使知识、技能的传授同学生的身体锻炼和人格培养紧密结合在一起，不断提升学生的学习、生活质量。

第二，简短有趣。体育微课的设计也应当将时间控制在合理的范围内，为学生设置简短有趣的学习内容，营造宽松的学习氛围，使学生能够全身心地投入体育学习，培养良好的学习习惯。

第三，创新性。学生是一个思想比较活跃的群体，好奇心强，喜欢接触新事物，因此微课的制作应当迎合学生的这些特点，体现出创新性。具体来说，应当注意两个方面：①微课的内容要具有时代性，贴近学生的生活实际，并且根据具体的情况随时进行更新；②微课的画面以及内容的呈现形式要追求新颖，吸引学生的注意力，如将动作分解融入有趣的小故事中，强化学生的理解与记忆。

第四，系统性。体育课程设计的内容非常多，因此体育微课的制作很容易陷入碎片化的困境，这样就很难对学生的知识学习起到良好的辅助作用。所以，教师在制作体育微课的时候，要对教材的主线给予特别的关注，强调知识点组合的系统性。

第五，实用性。体育教学除了理论知识的教学之外，还包括技能的教学，而且技能教学占据主要的地位。因此体育微课的设计应当尽量做到通俗易懂、实用易学，与此同时，还要紧紧围绕体育技能的核心要素，将学习的重点加以突出，并且便于学生的自我检测。

第二节　高校体育的慕课教学模式

慕课是计算机网络技术迅速发展的产物，它具有大规模性、在线性、开放性、高效性等特点。正是因为如此，慕课在教育教学领域得到广泛应用。近年来，体育慕课教学是高校体育教学信息化改革的重点，也是体育教学信息化改革的重要方向。体育慕课教学模式克服了传统教学模式单一的弊端，确立了学生的主体性地位，"慕课作为在线教育的延伸和拓展，蕴涵多种教育理念。"①

一、慕课教学模式的解读

（一）慕课的内涵阐释

1. 慕课的界定

慕课（MOOC）即大规模开放在线课程，是"互联网+教育"的产物，根据这四个单词的组合意义，可以作出以下界定：

大规模（Massive）在慕课中主要强调的是在这一平台上注册学习的人数很多，同时也强调了注册人数不受限制。

开放（Open）在慕课中主要强调的是这一平台没有针对性，它面对的是全世界任何

①金成平. 体育慕课现象的现实反思与未来展望［J］. 成都体育学院学报，2016，42（04）：122-126.

一个想要学习的人，同时提出了慕课这一平台对学生没有任何要求，只要想学习就可以在平台上注册学习。

在线（Online）主要强调的是利用计算机网络进行学习的一种方式，强调这一平台的网络性和在线性，强调学生者可以根据自己的时间来灵活安排自己的学习。

课程（Course）在慕课中主要强调的是一种课程学习资源，慕课整合多种社交网络工具和多种形式的数字化资源，形成多元化的学习工具和丰富的课程资源。

2. 慕课与传统网络课堂的区别

慕课虽然也是一种网络在线课程，但是它与传统的网络课堂之间还是存在一些比较明显的差异的，主要体现在以下方面：

（1）慕课的教学目标与课程计划都是非常明确的。通常慕课开始之前，教师会对课程的基本情况进行简单的介绍，包括具体的课程要求、教学进度安排以及学生需要达到的程度等；此外，学生也需要在上课之前用邮箱注册一个自己的专属账号，并且仔细阅读课程的相关介绍，这样才能够保障教学活动的正常开展。

（2）慕课中的教学视频不是对课堂教学与会议所进行的录制，而是专门针对慕课教学而制作的视频。

（3）慕课的教学视频有一个非常突出的特点，就是由多个长度在10分钟左右的小视频构成，这主要是考虑学生注意力的特点。每一个小视频都非常简短精练，而且都重点讲解了一项学习内容，可以有效地吸引学生的注意力促进学生学习效率的提升。

（4）微课的教学视频中设置了回顾性测试的环节，学生只有成功完成测试才能观看下面的视频，否则就要重新观看学习前面的内容。这样能够有效地提升学生的注意力，使学生在观看视频时更加用心。

（5）慕课针对学生的学习需求，设置了专门的作业提交区与学习交流区。学生在开展慕课学习的时候，除了要完成教学视频的学习之外，还要完成教师预先布置好的作业，并且及时提交完成的作业。除此之外，学生还需要参与到学习交流区与讨论中，也可以提出自己的问题，通过与教师交流来解决问题。慕课还有一个优势，就是会组织一定的线下见面会，这样一来，学习同一课程的学生除了共同在线上开展学习交流之外，还可以在线下进行讨论、交流和学习。

（二）慕课的类型划分

1. 基于关联主义的慕课

慕课教学模式是以建构主义理论为基础的，是基于关联主义学习理论的慕课模式。建构主义理论强调学生主动构建知识，而不是被动地接受知识。不同的人对同一知识的理解也是不同的，就如同不同的人对客观世界的理解也存在着一定的差异。基于此，学生在学习过程中，不能仅停留在知识的被动接受阶段，而要将自己学习的知识进行自主构建。只有学生自主学习知识、自主建构知识，并具有很高的学习自觉性，才能高效地进行课程学习，并不断提高自己的学习水平。

同时，建构主义理论也强调了教师角色的转变，即由传统的权威者、灌输者、主导者变成现在的组织者、设计者、引导者。

慕课是信息化时代不断发展的结果，这一教学模式注重信息化、数字化、网络化人才的培养。要想实现这一模式的目标，就必须重视创新。同时，还要培养学生对信息的生产、捕捉、加工、整理等能力。但是，对于学生而言，慕课是一种新的学习方式，且具有很大的自由性和开放性，学生能否及时转变自己的角色，能够高效地进行自主学习、能否对信息进行生产和处理，都需要学生长期的摸索。

除此之外，慕课教学模式还以连通主义学习理论为基础。根据连通主义学习理论，以某一个共同的学习内容，将世界各个地区的学生联系起来，不仅实现了资源的全球共享，还促进了学生之间的交流与协作，有利于学生根据自己的学习情况构建符合自己情况的学习网络，从而促进自身全面发展。

2. 基于行为主义的慕课

以行为主义与认知主义学习理论为基础的慕课简称慕课。

（1）需要提前了解课程以及课程安排。在慕课课程模式开始之前，学生就应该提前了解课程的相关知识，并知晓课程的具体安排，从而进行注册学习。

（2）教师应定期发布课件以及视频。慕课课程模式实施之后，教师应该结合教学目标、学习任务等定期发布一些教学课件，以及教学的短视频，以便于学生学习。

（3）课后作业应有截止日期。慕课课程之后，教师应该布置相应的作业，并规定作业上交的日期，这样有利于督促学生在规定的时间内完成作业任务。

（4）应适当安排考试。在实施慕课课程模式中，教师应该适当安排一些考试，并鼓励学生积极参与考试。

（5）开设讨论组以便交流。慕课课程模式，注重讨论组的开设。在讨论组中，学生可以根据自己的疑问进行线上讨论和交流。如果条件允许，慕课课程模式还将线下交流融入其中，从而将线上交流与线下面对面交流相结合。

（三）慕课的独有特征

慕课是信息技术迅速发展的产物，它在形成与发展过程中形成了独有的特征。

1. 开放性

慕课作为大规模开放式在线课程，具有开放性的特征。关于慕课的开放性，我们可以从以下方面对其进行分析：

（1）教育教学理念的开放性。慕课平台注重平等性和民主性。同时，慕课平台上的课程资源是面向世界各地、各族人民的，没有任何人群的限制。除此之外，慕课平台提倡，只要想学习的人都可以在平台上进行注册学习，从而学习慕课上的各种资源。

（2）教学内容的开放性。慕课平台上蕴含着大量的网络在线资源，且这些资源的内容是开放性的，没有时间和空间的限制。

（3）教育教学过程的开放性。讲授者与学生的上课、交流、测试、评价等都是在慕课平台上进行的，教育教学过程是开放的。

可见，慕课有着优质的教育资源，同时将这些优质教育资源上传到慕课平台上，真实实现了资源的全球共享。慕课的开放性有利于促进教育国际化的发展，有利于实现全球资源共享，也有利于世界各地学生树立终身学习的观念，更有利于促进教育公平化的进程。

2. 大规模

慕课是大规模的在线课程。因此，大规模性也是慕课的主要特征。众所周知，传统教学是有人数限制的，而慕课教学并没有人数限制，同一课堂上学习的人数可以达到数百万。

随着信息技术的发展，信息技术在教育教学中得到广泛的应用。教育信息化是教育发展的主要方向。而慕课作为不限制课堂学习人数的信息化平台，在教育教学领域日益受到重视。慕课是信息化时代的产物，慕课为世界各地的学生提供了信息化学习平台。在这一平台上，有来自世界各地数百万的学生在同一课堂进行学习，从而体现了慕课的大规模性，这也是其他信息化平台无法比拟的。

3. 技术性

技术性也是慕课的主要特征。慕课是信息技术高速发展的产物，与其他的网络公开课程不同，慕课并不是教材内容到网络内容的简单搬移，而是充分利用信息技术的优势，实现讲授者和学生之间的在线交流与互动。实际上，慕课是将整个教学过程从线下搬到了线上，真正实现了在线课程教学。同时，慕课作为信息化平台，它主要采用短视频的形式进行在线教学。通常情况下，在每一堂课中，慕课所涉及的教学短视频的时长是 15 分钟左右。在这些短视频中，不仅包括学习的课程内容，还包括一些客观题。学生要对这些客观题进行回答，而慕课平台中的系统将对学生的回答进行评价，只有回答正确这些客观题，学生才能在慕课平台上继续学习。

慕课不仅充分利用了信息技术，还将云计算平台融入其中，这样不仅丰富了课程资源，还促进了海量课程资源的全球共享。另外，慕课还融入了大数据技术，在一定程度上促进了个性化教学的发展。除此之外，慕课平台中的各个网站也是精心设计的，这些精美的网站设计不仅有利于提高学生学习的热情，还有利于提高学生的学习效率。

4. 自主性

自主性是一个内涵十分丰富的概念，不同的学者对其的理解也不同。下面选取比较有代表性的观点进行具体分析。基于关联主义的慕课推崇者对慕课的自主性特征发表了自己的看法。具体而言，主要包括以下方面：

（1）自主性强调的是学生在慕课学习过程中自己设计目标，不强调事先目标的设定。

（2）慕课学习中主题是明确的，可以供学生参考。但是学生通过慕课平台学习的时间、学习的地点都是不确定的，同时学生的学习方式、学习效率、学习快慢等都是不受限制的，也就是说学生可以自己决定学习的时间和地点，也可以自己决定学习的方式。

（3）除了需要获取学分的学生以外，其他的学生的课程考核方式都不是正式的。学生对自己在慕课平台上学习的预期和效果可以自行评判，并没有固定的、专门的或正式的考核方式。

由此可见，基于关联主义的慕课推崇者强调慕课学习完成是学生自己学习的过程，并在学习过程中自行监督和调控。

学生结合慕课学习资源，根据自己的实际学习情况，选择合适的时间、地点对慕课上的资源进行学习。同时，学生根据自己的学习需求，有针对性地与他人讨论和交流，从而通过学习慕课资源来满足自己的学习需求。除此之外，还需要指出的是，慕课与翻转课堂相融合，有利于慕课作用的发挥，也有利于提高学生的自主性和主动性，从而不断提高学生的学习水平。

5. 优质性

与其他信息化平台相比，慕课具有优质性的特征。慕课涉及很多的课程，无论是世界慕课平台课程还是当前比较流行的"好大学在线"课程，都拥有着高质量的信息资源和学习资源。因为，这些慕课平台上的课程资源都是世界各高校通过专门的技术团队进行合作开发、筛选、编辑、加工、整理、审核之后上传的。这些慕课资源不仅有代表性，还具有高质量性，这些都为慕课课程资源的优质性奠定了基础。

6. 以学为本

以学为本并不是慕课的表征特征，而是通过对慕课的系统分析，挖掘、归纳、总结出来的一种核心特征。以学为本强调的是以学生的学习为中心，也就是慕课上的信息和资源都要以学生为中心，为学生的学习提供丰富的资源。慕课集信息技术、云计算技术、大数据技术等计算机网络技术于一体，为世界各地想要学习的人提供了丰富的资源，打破了传统教学模式的时空限制，有利于世界各地的学生根据自己的实际学习情况和需要，随时随地进行学习，从而获得自己想要学习的知识。

7. 非结构性

慕课在内容安排上也独具特色。具体而言，慕课中涉及的内容都是一些碎片化的知识。这些碎片化的知识经过专业领域教育者的组合形成了形式多样的内容。这些内容也是比较灵活的，可以根据需要随时进行扩充。各个领域不同的教育者对不同学科知识进行处理和集合，从而形成了内容集合。这个内容集合是慕课特有的，里面的知识可以进行再次重组，并利用慕课平台使这些知识彼此关联在一起。另外，还需要指出的是，慕课课程标准的设立，有利于提高课程质量，也有利于提高学生的学习水平。

总之，慕课是一种信息化的教学模式，它不受课堂人数、时间和空间的限制，学生在慕课平台上学习具有很大的自由性，有利于调动学生学习的积极性。

二、高校体育中慕课教学模式的优势分析

（一）更易促进体育教育的公平

"现阶段，慕课作为高校授课的主要形式，在教学过程中起到补充和辅助的作用。"[1] 在体育慕课教学模式中，世界范围内的学生都可以根据自己的学习情况自主选择学习时间和地点。慕课在高体育教学中的应用，突破了地域经济差异，丰富了教学资源、扩大了学生的数量，从而使不同地域、不同职业、不同年龄、不同学历的学生都可以自主学习。可以说，慕课这种开放性的学习模式，为想要学习的学生提供了学习的平台，避免了想学而无法学习的现象，有利于扩大学生的数量，也有利于提高体育教育的覆盖率。

另外，学生也可以根据自己的兴趣、特长等进行体育精品课程的学习。在学习体育课程过程中，学生如果遇到了问题，可以借助慕课平台与教师、同伴进行交流和互动，从而主动地构建知识，改变了被动接受知识的局面。总之，在慕课体育教学模式的影响下，教师不再是主导者，学生成为学习的主体。同时教师和学生形成了一种平等、和谐的师生关系。另外，慕课体育教学模式为学生提供了公平的学习机会和受教育机会，有利于促进体育教育的公平性。

---

①许颖珊. 由高校体育慕课引发的教学模式思考［J］. 拳击与格斗，2021（4）：7.

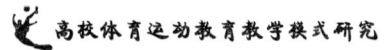

（二）推动养成终身体育学习理念

慕课在体育教学中发挥着至关重要的作用，也是现代体育教学发展的重要方向。随着慕课的发展以及体育教学改革的不断推进，慕课对体育教学的影响也就越来越大，慕课也将会不断应用于体育技能教学、体育技能训练、体育培训、体育实践等多个方面。同时，慕课融多种学科于一体，学生可以根据自己的学习情况和学习需要，自主学习、自主监督、自主调控，并不断与教师和其他相同兴趣、特长的学生进行交流和互动，从而不断学习、不断提高，进而促进终身体育学习的发展。

（三）使体育学习过程更加个性化

体育慕课教学模式蕴含着丰富的开放式教育资源，有利于学生随时随地进行学习，有利于优化学生获取知识的途径。慕课课程资源具有优质性的特点，这些优质的课程资源有利于吸引更多的学生来平台注册学习。

同时，体育慕课教学模式注重学生创新能力的培养，重视学生的个性化发展。众所周知，不同的体育教师具有不同的学历层次、知识结构、教学经验，因此，即使面对同一个教学内容，不同的体育教师对其有着不同的理解和表达。这样有利于避免教学内容和教学过程的千篇一律化，有利于促进学生的个性化发展，还有利于学生根据自己的实际学习情况科学地选择体育课程内容。

另外，除了学校教材要求学生学习和掌握的内容外，学生还可以充分利用慕课平台，根据自己的特长和兴趣，结合自己的自由时间，自主选择一些适合自己个性化发展的学习内容，这样有利于学生在拓展学习中体验运动的乐趣，有利于全面促进学生的个性化发展。

（四）使体育教学的课程更加鲜活

无论是高校体育教学理论知识，还是其他形式的教学理论知识，都是枯燥、艰涩难懂的，难以激发学生的学习兴趣，而体育慕课教学模式充分利用信息技术、云计算技术、大数据技术等先进的网络技术，将枯燥、艰涩的体育理论知识以信息化的形式呈现出来。这种信息化的形式避免了理论知识的艰涩难懂，从而使体育教学更加鲜活。体育慕课教学视频可以在一个十分钟左右的课程中集中讲解某一体育技术问题或者体育理论知识，还可以在教学中设置一些师生互动活动，这种互动性的活动有利于激发学生学习体育的兴趣。学生通过慕课学习不仅可以将碰到的问题或困难在互动交流平台上向教师提出，教师则可以及时给予相应的解答。此外，学生还可以随时了解和调整学习进度，这种新型学习方式有助于使得原本相对枯燥乏味的体育理论知识变得更加生动有趣，从而极大地提升学生的学习欲望和主动性。

（五）培养学生自主体育学习意识

体育慕课教育模式注重先学后教，这种理念为新的学习方式的开展提供了保障。在慕课平台上，学生通过短视频先学习体育的理论知识，然后教师再在课堂教学中对体育动作进行讲解和示范。学生经历了这种新型教学模式带来的教学方式的变化，教师在实施自主学习、合作学习和探究学习时就会顺利很多。

由此可见，体育慕课教学模式的主要特征是先学后教。这有利于学生充分发挥自身的主观能动性，有利于学生自主学习意识和自主学习能力的提高。在体育慕课教学模式的影响下，学生也养成了自主学习的习惯，这种学习方式有利于学生以后的学习和发展，有利于学生树立终身学习的观念，有利于全面提高学生的综合能力，这是传统体育教学模式无法实现的。

（六）提升体育教学的质量与效率

随着信息技术的发展，传统体育教学模式的弊端日益凸显，在一定程度上限制了体育教学质量和效率的提高，同时也在很大程度上制约了体育教学的发展。而体育慕课教学模式可以有效解决传统教学模式中存在的各种问题，具体分析如下：

第一，有利于学生形成清晰的动作概念。体育慕课教学模式可以将一些连贯的、复杂的动作制作成短视频，并通过图片、文字、声音、图像等方式将这些连贯的、复杂的动作呈现出来，这样学生可以通过短视频更加直观地学习这些复杂的动作。具体而言，学生可以根据自己的实际学习情况，自己控制观看短视频的进度，遇到某一难理解的动作时，学生也可以利用短视频的暂停、回放等功能来对这些动作进行回看，这样有利于学生形成清晰的动作概念，有利于正确理解动作要领，有利于全面地学习和掌握体育运动动作。

第二，有利于学生一对一在线学习。众所周知，慕课的主要特征之一就是大规模性，同一课堂上学习的人数达到数百万。但体育慕课教学模式强调在线学习，这些数百万的人都是在慕课平台上进行的在线学习。实际上，这种在线学习很大程度上是一对一学习，这样有利于学生的自主学习，有利于弥补大班授课的不足，有利于对学生的学习进行监督和管理。

第三，打破了传统教学模式受时间和空间的限制。体育慕课教学模式不受时间和空间的限制，也不受光线、天气等其他因素的制约，学生可以随时随地进行学习。

由此可见，传统体育教学模式容易受外在环境的影响和制约，这在很大程度上影响了体育教学质量和效率的提高。而体育慕课教学模式避免了这些外在环境因素的影响，可以不受时空的限制，有利于提升体育教学的质量和效率。

（七）优化并整合体育教学的资源

传统的体育教学模式教学资源单一，已经不能适应现代体育教学的发展。将慕课融入体育教学模式，有利于教学资源的丰富和优化。基于慕课的体育教学模式不会固守体育教学风格和专业设置，而是充分利用信息技术和网络技术，集多人、多校优质教学资源于一体。

同时，慕课平台上的教学资源在内容上具有开放性、在管理上具有智能性。基于慕课的体育教育模式弥补了传统体育教学模式的不足，在体育教学中发挥着重要的作用。

（八）节约教育成本，缓解师资压力

慕课平台主要以信息技术和网络技术为载体，它集多种开放性、优质性教学资源于一体。慕课平台上的教学资源也可以无限制地被学生使用和学习，这样不仅提高了体育课程资源的利用率，还降低了体育课程资源开发的成本。由此可见，慕课融入体育教学，能够在很大程度上节约体育教育成本。

随着高校的不断扩招，学生人数不断增加、教学任务也在不断增加，体育师资已无法满足当前高校体育教学以及学生的需求。体育教师面临着繁重的教学压力，同时体育师资力量不足的问题日益凸显。

慕课应用于体育教学中，能够有效解决体育师资力量不足的问题，也能够缓解体育教师的教学压力。教师可以通过慕课平台上的相关数据了解学生的学习情况以及教学质量和教学效果。教师借助慕课平台来获得反馈信息，这样教师可以有更多的精力进行教学设计、方案规划、活动组织、课后辅导等。

三、高校体育中的慕课问题学习模式探索

（一）慕课问题学习模式的特点

（1）问题学习模式，以学生为教学过程的中心和主体。问题学习模式注重学生的主体地位，以学生为教学的中心。在这一学习模式中，学生不再被动地接受知识，而是积极主动地学习知识、建构知识，并利用自己已有的知识来解决实际问题。可见，问题学习模式真正贯彻了"以学生为本"的理念，注重学生自主学习能力的培养，有利于激发学生学习的兴趣，提高学生的探索欲望。另外，在问题学习模式中，教师也不再是权威者，而是指

导者、陪同者、设计者。教师在具体模式实践中，可以根据学生的具体学习情况为学生提供丰富而真实的学习资料，设计符合学生实际学习的问题，并指导学生不断学习和探索，从而用所学知识解决相关问题。

（2）问题学习模式中的问题是基于现实的。问题学习模式不能脱离现实问题。众所周知，问题是这一模式的中心，问题的现实性是这一模式的基本要求。因此，在问题学习模式中，教育者要保证问题的现实性和挑战性。只有从现实生活中提炼问题，才能调动学生学习的积极性，也才能培养学生解决实际问题的能力。问题学习模式要在以学生为中心的基础上，将问题与学生的实际生活相联系，保证问题设计的现实性。

（3）重视多样化的合作学习。合作学习在当今社会中起着重要的作用。在体育教学中，教师也应该将合作学习与体育教学有机结合。合作学习强调学生之间合作性、信任性和帮助性，它有利于提高教学效果，有利于提高学生的学习成绩，也有利于提高学生的合作能力，从而促进学生的全面发展。

问题学习模式注重学生的合作学习。众所周知，不同的学生对不同的问题有着不同的思路，通过合作学习，学生之间可以交流自己对问题的看法，这样有利于学生了解不同的解题思路，有利于提高学生的合作能力和沟通能力。除此之外，学生还可以在合作学习中体验不同的角色，以促进学生的全面发展。

（4）教师的作用和角色得到重构。在传统教学模式中，教师是知识的传授者，是教学的权威者，教师在教学中起着主导者的作用，学生只能被动地接受知识。而在问题学习模式中，教师主要起着引导或指导的作用，即引导学生探究问题和解决问题。教师的角色也发生了一定的变化。教师不再是知识的传授者和教学的权威者，而是教学的设计者、组织者、指导者、促进者。在问题学习模式中，教师应该明确自己的作用，也要根据教学需要不断转变自己的角色，提高体育教学的综合能力，从而为学生创设更加真实的问题情境，进而能够在学生学习过程中给予学生优质的指导。

（二）慕课问题学习模式的建构

基于问题教学模式的体育慕课建构，强调的是将慕课模式、问题教学模式融到体育课程建设中，实现三者的有机统一。具体而言，就是确立体育课程建设的目标，注重问题情境的创设，借助慕课这一新的模式，形成体育课程—问题教学—慕课平台的体育教学综合体系，实现教师与学生、问题与慕课的有效融合，最终学生在教师的指导下积极探讨问题，主动合作学习，从而不断提高自己的学习效率。

1. 构建要素

基于问题教学模式的体育慕课建构，旨在激发学生学习体育课程的兴趣，调动学生学习体育课程的积极性，并通过问题式、慕课模式等多种手段使学生明确体育课程的重要性，并深入理解体育课程。同时，教师还应该鼓励学生合作学习，不断提高合作能力。可见，基于问题教学的体育课程建构在体育教学中起着重要的作用，其包含的要素如下：

（1）问题情境。问题教学模式将问题教学模式与体育慕课相结合，不能忽略问题情境的创设。问题情境是基于问题教学模式的体育慕课建构不可缺少的要素。教师应该根据学生学习的实际情况，结合体育课程的教学目标，科学合理地设计符合学生需要、满足教学目标的问题情境。

（2）学习小组。问题教学模式注重小组学习。在小组学习过程中，学生可以针对问题来表达自己的观点，并主动听取他人的观点，这样学生与学生之间通过交流、合作来一起探讨问题，从而共同解决问题。可见，学习小组有利于学生合作和交流，有利于打破传统教学的局限，同时也会影响学生学习的效果。因此，教师应该全面了解学生的实际情况，综合考虑各种因素，科学合理地进行分组，从而使学生能够在小组学习中优势互补，勇于发表自己的看法，进而通过探讨来解决问题。

（3）指导教师。教师在问题教学模式中不再是主导者，而是起着指导的作用。教师的角色也发生了很大的变化，即教师是资料的提供者、资源的开发者、教学的设计者和指导者、问题情境的创设者等。基于问题教学模式的体育慕课教学，要求教师必须积极转变自己的角色，积极建构自己的知识体系，主动更新自己的体育教学技能，树立创新意识和观念，不断开发新的体育慕课课程，从而在问题教学模式中给予学生科学的指导。

（4）学习资源。学习资源也是基于问题教学模式的体育慕课教学不可缺少的要素。学习资源的提供者通常是教师。学生可以通过学习资源的学习、探讨来解决实际的问题。在问题教学中，教师会创设一些具有难度的问题情境，而学生通过自主思考、合作学习可以解决教师设计的问题。可见，学习资源有利于学生学习知识，有利于学生探索问题、解决问题。除此之外，学习资源还会对学生的学习效率和学习效果产生很大的影响，因此，教师应该为学生提供优质的学习资源。

（5）学习平台。传统教学模式注重师生之间面对面式的交流，而问题教学模式注重师生之间网络平台的沟通和互动，实现了教学与学习在时间上的分离，这种新的教学模式有利于提高师生的主动性和积极性，也有利于学生不受时间和空间的限制，主动学习和构建知识。在问题教学模式中，学习平台建设是师生交流的基础，也是体育慕课教学实施的关键。优秀的学习平台建设有利于教师、学生之间随时随地进行沟通和交流，有利于打破时间和控制的限制，有利于提高学习的效率，同时还有利于提高学生的自主学习能力、合作学习能力等。

2. 构建程序

基于问题教学模式的体育慕课建构主要利用慕课这一形式来建构体育问题教学模式，从而实现体育课程、慕课课程与问题教学的有效融合。因此，在具体建构过程中，也应该重点考虑体育慕课课程和体育问题教学以及它们之间存在的关系和规律。基于问题教学模式的体育慕课建构包含以下程序：

（1）选择课程内容。体育课程与其他学科课程不同，它注重练习和训练。正是因为这种特殊性，有一些体育课程不能利用慕课方式进行建设。因此，在体育慕课建构中首先应该选择合适的课程内容。体育专业知识的讲解可以利用慕课方式。除此之外，一些较为复杂的、有一定难度和危险系数的体育内容也适合利用慕课的方式来讲解。教师在制作这类体育课程视频时，可以将这些复杂的、有一定难度的动作进行分解。学生可以通过慕课学习，了解和学习这些动作。如果在学习过程中学生没有掌握这些动作，学生可以反复观看这些动作，从而更好地理解和掌握这些复杂的动作。因此，科学选择课程内容对慕课的开发和利用具有重要的意义。另外，要想对课程内容进行科学合理的选择，就需要有经验的体育教师队伍。只有保证课程内容选择的科学性和合理性，才能充分发挥慕课的作用，促进体育教学目标的实现。

（2）问题情境创设。在合理选择课程内容之后，就应该进行问题情境的创设。慕课涉及的视频通常都是在 15 分钟以内。教师应该将体育课程的重点、难点融到慕课视频制作中。同时，教师还可以融入一些有代表性的正面真实案例或反面真实案例。这样有利于学生加深对体育动作的印象，有利于学生更好地理解动作和运用动作。另外，教师必须在了解学生实际学习情况和学习需要的基础上进行问题情境创设，只有这样才能激发学生学习的兴趣，提高学生学习的主动性，从而提高学生学习的效果。可见，问题情境创设不仅是影响体育慕课的要素，还是慕课建构的必要环节，教师应该创设科学的问题情境，从而促进学生的全面发展。

（3）选择学生学习指导策略。慕课注重学生的自主学习和合作学习，以学生为中心。尽管这样，并不意味着学生的学习不需要教师的指导。因为，学生学习的内容都是一些新的知识，而且学生的各个方面的学习能力还有待提高。可见，教师在教学中要选择恰当的指导策略，从而指导学生更好地学习。具体而言，①教师要使学生明确学习的目标，并将学生学习中遇到的问题转化为学生学习的目标；②避免学生的学习误入歧途，跟踪学生的学习，及时纠正学生的错误，使学生按照正确的学习方向努力前进；③引导学生如何获取资源，如何选择资源，如何判断资源，如何根据自己的需求查找所学资源，如何利用资源来解决学习中的问题，从而实现学习目标；④激发学生学习的兴趣，调动学生学习的积极性，使学生树立终身学习的观念，不断提高学生的学习技能。此外，还需要指出的是，这些策略的实施都不是直接的，而是间接的。因此，教师要充分利用引导、启发、激励等指导策略，根据学生的学习情况提出恰当的问题，从而引导学生思考和解决问题。

（4）制作课程视频。优质的课程视频是慕课实施的重要保障。制作视频的方式有很多，制作者要根据教学目标，结合学生学习的实际情况，选择合适的方式来制作慕课视频。需要指出的是，慕课视频涉及的资源和信息都是丰富的和系统的，需要多个有经验的专业教师一起制作，这样才能保证慕课视频的优质性。

（5）上传课程视频。教师需要将制作好的慕课视频上传到慕课平台上，这样学生可以在慕课平台上选择适合自己的资源进行学习。如果没有专业的慕课平台，教师可以借助其他慕课平台来上传制作好的视频。

（三）慕课问题学习模式的实施

基于问题教学模式的体育慕课，无论是在建构内容、建构程序还是在实施过程中，都是将体育问题教学和体育慕课课程有效融合，不断建构和完善问题教学下的体育慕课教学体系。基于问题教学模式的体育慕课的实施流程如下：

（1）创建学习小组。问题教学下的体育慕课注重学习小组的创建。因此，教师在实施体育慕课之前，应该根据教学目标，结合学生的具体学习情况，将学生分成不同的学习小组。每个小组内的学生可以共同交流和讨论，从而取长补短，共同进步。

（2）多方面分析问题。每个小组都应该积极思考和分析问题。在这一过程中，每个小组应该充分利用教师提供的学习资源，根据具体的问题情境，在慕课平台上进行交流和探讨。同时，每个小组内的成员都可以发表自己对问题的看法，从而拓宽问题解决的思路。这样有利于学生激活大脑中的已有知识，有利于学生更深入地理解问题。

（3）提出解决问题的可能途径。小组内的成员都可以针对问题进行讨论和交流，并勇于发表自己的看法，表达自己的解决思路。在对组内成员的观点进行归纳、总结之后，就可以有条理地形成一些途径，为问题的解决提供多种途径。

（4）组间成果展示。小组内在形成问题解决途径的基础上，就可以将自己的解题途径通过慕课平台展示出来。成果展示的方式也很多，例如小组代表发言来表达解决问题的途径；通过上传视频来展示问题的解决途径。同时，小组间的成果展示对全班学生都是可见的，全班学生可以根据不同的小组成果进行学习、交流和讨论。

（5）教师指导总结和反思。问题解决之后并不意味着学习的结束。教师还应该指导学生继续总结和反思。具体而言，教师应该指导学生总结解决问题的方法和策略，总结解决问题过程中存在的问题，学会举一反三，对相关问题进行分析和思考。同时，学生还可以正确认识自己的错误，对解决问题过程中存在的一些错误、失误等现象进行反思和改正。这样学生在总结和反思过程中，不仅可以提高自身解决问题的能力，还可以提高自身的迁移能力，更有利于提高综合学习能力。

四、高校体育中慕课教学模式的应用策略

（一）转变体育教育观念

1. 单一办学主体向国际化联盟式办学主体转变

传统高校办学模式比较单一，绝大多数都是单一办学主体进行办学。而随着慕课在高校教育教学中的应用，高校办学模式也逐渐向多个高校联盟办学的模式转变。慕课平台的出现并不是单一高校独自开发的结果，而是多个高校多个优秀教育专家联合共同开发和建设的结果。可见，传统的单一办学模式并不能适应当今信息化时代的发展，如果高校不及时转变办学观念，就会被时代所淘汰，也不利于国际化人才的培养。因此，高校应该意识到慕课平台建设需要国际化视野，并在具体实践中，充分吸收世界各国的优秀办学经验，改变单一的办学模式，将办学视野扩大到国际范围，从而实现国际化联盟式办学模式。

2. 个体学习模式向团队学习与个性学习相结合模式转变

在传统体育教学中，学生的学习模式是被动的、单一化的，不利于学生团队学习，也不利于学生个性化发展。要想改变传统的个体化学习模式，高校应该将慕课应用于教学中，充分发挥慕课教学的优势，创新教学方法和策略，开发丰富的学习资源，提倡学生间、师生间、群体间、国家间的大规模集成化学习。同时，高校还应该采取多种手段和策略来鼓励和引导学生发展个性，从而真正实现学习模式的团队学习和个体化学习。

（二）促进优质资源共享

加大慕课宣传的方法主要有利用网络平台、学校平台、教师等。除此之外，慕课平台还应该借助自我营销的方式，吸引更多的人注册慕课进行学习。

在加大慕课宣传力度的同时，还应该注重慕课中优质资源的共享，从而使世界上更多的人能够根据自己的特长、兴趣，科学选择适合自己的课程，以满足自己的学习需求。

总之，加大宣传力度有利于更多的人了解慕课，使用慕课，有利于促进优质资源共享，促进教育的国际化发展，实现教育的公平性。

（三）制作慕课特色课程

在体育慕课教学中，高校要注重顶尖团队的培养，从多个层面打造体育核心课程，并

充分利用慕课平台实现体育资源的全球共享，从而吸引世界上更多的学生进行体育特色课程和优质课程的学习。

除此之外，高校还要注重体育非核心课程建设。这是当今时代一专多能人才培养的要求。因此，我国高校应该充分利用慕课这一信息化平台，将世界上优质的体育课程资源融到本校慕课平台中，这样有利于拓展学生学习的范围，有利于激发学生学习的兴趣，提高学生的自主学习能力，从而为一专多能人才的培养奠定基础。

（四）改革教学方法手段

由于慕课是开放性很强的一种教学方式，因此慕课教学也有着比较多的选择性。慕课平台在网络上不受国界的限制，因此，它可以很好地将课程共享给世界各地的人，并且世界各地的人也可以将慕课视频上传到慕课平台，使得慕课平台上的课程资源越来越多。因此，教师可以从慕课平台上找到同一个知识点的很多个慕课视频，他们可以选择适合自己的慕课资源，从而分享给自己的学生。

教学方法对教学效果的影响非常大，为了保证教学效果，体育教师可以适当调整教学方法。教学方法使用恰当，可以充分激发起学生的学习兴趣，调动学生学习的积极性和主动性，从而使学生更好地将知识内化。慕课教学模式就是很好的一种教学方式，高校体育教学可以充分借鉴这种教学模式，从而提高体育教学的效果。

（五）丰富慕课课程资源

慕课的质量对教学效果有很大的影响。虽然我国对慕课的质量没有制定严格的标准，但是慕课的质量对教育质量有直接的影响，这就要求各个高校必须制作出非常优质的慕课视频，从而提升体育教学的质量。因此，政府、高校、企业等需要制定出一套慕课的质量标准，从而提升慕课质量。教师是慕课资源开发与利用中的重要参与者，其能将慕课教学的作用发挥到极致。因此，高校在进行慕课资源开发时不仅要积极引入高质量资源，更是要重视教师在资源开发中的作用，鼓励教师与时俱进，把慕课教学模式引入体育课堂，以提高教学效率。

在具体的课堂实施中，教师可以将慕课与体育教学灵活地结合起来，这样慕课就以一个新的、学生更能接受的形式参与到体育课堂中来，同时还有利于调动学生学习的积极性。慕课内容的载体形式是视频，因此，这就要求体育教师在具备扎实的专业知识之外，还需要具备一定的信息技术能力，能够制作短视频。慕课视频要建立一套完整的制作、审核、评价机制，从而制作出一套质量优质的视频。

与此同时，高校实施慕课教学也是为了满足个性化教学的需求。因此，在制作慕课视频时，教师要充分考虑到学生的需求，打造出可以满足不同学生需求的多层次慕课课程。一些一流高校的学生具有较高的认知能力，他们适合使用一些难度较高的慕课视频，而对于认知能力不那么强的普通学生来说，需要使用一些难度较低的慕课视频。当然，为了建设更高水平的慕课课程，高校可以引进国外的优质慕课资源，从而结合高校的教学实际情况，形成自己特色的慕课教学资源。对于少数民族的体育教学来说，他们很难获得比较好的慕课资源，因此教育部门还应该结合当地情况，对其倾斜一些资源，从而满足少数民族地区学生的慕课学习需求。

（六）开发体育精品课程

第一，学校、教师、学生等要多方宣传与推广运用体育类国家精品开放课程。由于我国的体育类方面的精品课程较少，学习的人数也较少，因此，体育类精品视频课程播放量较少。为了使更多教师和学生获得精品课程的好处，学校、教师和学生应该尽可能地通过多种手段宣传精品课程，从而发挥精品课程的最大价值。

第二，完善体育类国家精品资源共享课中体育专业课程的建设。体育类国家精品课程仍然存在一些不足，只有少数的体育课程建设精品课程，而一些体育与其他学科结合的课程还没有建设完善。各个高校还要对慕课与传统体育结合的课程加强建设，申报一些精品课程建设项目，从而不断完善体育专业课中的精品课程资源。

第三，改善体育类国家精品开放课的视频内容，加强课程视频的后期制作。体育类国家精品课程是十分优质的课程，但也存在一些有待完善的地方，例如，将视频内容的知识点进行展示，并且加入不同动作的示范画面。在视频的后期制作上，还有一些有待完善的地方。另外，在视频上还可以将重点内容进行着重提示，使学生在遇到重点时可以集中注意力学习。

第四，开发体育类国家精品开放课程平台的多元化功能。体育类国家精品课程的平台还有一些调整的地方，在平台上可以增加一些答疑解惑的版面以及师生交流的模块。这样可以使学生在遇到不懂的问题时及时向教师咨询，并且学生之间也可以就视频观看的理解互相进行探讨。另外，精品课程平台的开发者还需要设置一个建议模块，让使用这个平台的人有好的建议提交上去，从而使平台不断完善。

第三节 高校体育的翻转课堂教学模式

一、翻转课堂教学模式的解读

（一）翻转课堂的产生背景

1. 信息技术的推动

科技革命推动了信息技术的发展，随着计算机技术的推广应用，世界各国的生产日趋自动化，科学技术、国防技术乃至管理手段都越来越现代化，同样地，情报信息也在朝着自动化的方向发展。信息技术的变革辐射着人类社会的方方面面，其影响力巨大且深远，教育作为人类社会中的重要领域自然也会受到信息技术变革的影响。

在信息化时代背景下，人们重新审视原有的教育教学制度，重新设计教学模式，从而让现代信息技术在教育领域发挥重要作用。现代教育的目标也发生了一定的改变与扩充，即要求学生能够具备获取信息、分析信息、处理信息、加工信息的能力，具备较好的信息素养。

信息技术在教育领域的渗透会极大地推动教育教学的变革进程，会在一定程度上改变教师的教学模式与学生的学习方式。这是一种必然的趋势，因此，我们必须及时更新教育理念，对现代教育技术予以足够的重视，积极地探索信息技术在教育领域的有效价值，充分利用信息技术的优势发展教育教学事业。

2. 社会需求的推动

现代社会发展节奏快，要求人们能够快速地接受、理解新鲜事物，具备较强的学习能力，拥有较强的求知欲。在飞速发展的社会中，如果不能持续地学习、不断地完善自己，就很难适应时代的变化，人们应该顺应时代、紧跟时代，保持求知欲望，不断在新的时代背景下反思自己的生活。

未来社会中，高层次人才除了要具备专业的知识技能之外，还需具备一定的学习能力、创新能力和发展潜力，并且还要具备自我个性。这就要求现代教育关注社会的需求与人才的培养，努力培养出满足现代需求的优秀人才。

3. 教育现实的推动

教育形势的发展可以从学徒制说起，在工业革命出现之前人们大多以这种形式开展所谓的教育活动。学徒制主要采用现场教学，教学场景基本是真实的工作环境，教学对象往往具有个别性，大多发生在代际间，教学方式就是师傅口述、示范，然后学徒在师傅的指导下进行实践，学徒制教学模式下培养出了许多技艺高超的手艺人。

随着工业革命的兴起，工厂日渐规模化，社会对于劳动力的需求增加，同时对劳动力的知识技能要求也有所提高。也就是说，人们迫切需要普及推广教育，扩大教育规模，提升教学效率，从而在短时间内获得更多的能够满足社会需求的劳动力。显然，学徒制不再符合时代发展的要求，于是班级授课制就产生了。班级授课制是以班级作为教学单位开展教学活动的形式，通常，教师都会根据设置好的课程时间表，向一些固定的学生讲授知识内容，这些知识内容往往也是统一的。班级授课制满足了工业革命的需求，其原因在于它具备一些不同于以往教育形式的特点与优势，而这些优势实际上一直在教育领域发挥着重要作用。

具体来看，班级授课制的特点主要有三点：①班级授课制具有系统性，它能在规定的教学时间内让学生学到大量的知识，并且这些知识不是零散的，二是具有一定的系统性，便于学生建立知识体系；②班级授课制采用"一对多"的教学模式，一个教师可以向多个学生授课，与学徒制相比，其教学效率得到了极大的提高；③班级授课制以"课"为标准，设置好的"课"决定着教师的教学进程与学生的学习要求，因此教师在进行教学管理时也只需以"课"为中心，统一学生的学习步调，相对较为高效。班级授课制符合工业革命在短期内需要大量人才的要求，其系统性、高效性是促进这一教育形式发展的重要优势。

现代信息社会对人才的要求不断提高，要求人才具备一定的信息技术技能，还要具有应急处理能力，此外最好还具有一定的创新思维，勇于自主学习，具有探索精神，等等。与工业革命时期相比，信息革命再一次提高了对教育的要求。于是班级授课制的不足也显现了出来，人们必须开始探索新的教育形式。不管是工业革命还是信息革命，人们的思维观念都在这一次次的革命中受到了冲击，新的时代环境要求人们作出新的改变，终身教育与自主学习的理念成为人们推崇的新理念。终身教育要求人们终身学习，始终保持学习的热情；自主学习要求人们根据自己的需求和时代的发展，主动地、积极地开展学习，从而找到自己的价值。

时代的变迁、社会的发展影响着教育组织形式的变化，因此要想促进现代教育的良好发展，就必须把握时代的脉搏，分析教育发展的现状，找准教育变革的出路。可见，教育变革正面临关键的转折，现代教育事业必须把握时机，积极变革。

4. 学生个体差异的推动作用

每个个体之间都存在差异，不同的学生也有着不同的学习需求，具体可以从以下方面进行探讨：

（1）学生的学习风格存在差异。每个学生都有着自己的学习风格。有的学生接受能力强，学习速度快，可能会早早地掌握课程内容，之后有可能对教师的反复讲解感到厌倦；而有的学生接受能力较弱，学习速度较慢，可能会觉得教师讲解进度太快，难以跟上课程进度，之后也有可能丧失学习信心。学习风格没有好坏，也与学生的智力水平没有关系。不同的学习风格反映着不同的知识掌握能力。有些学生可能只是没有充足的时间来完成知识的内化，如果有了充足的时间，他们对知识的理解或许会比学得快的学生更加深入，对知识的掌握也更加扎实，对知识的记忆更加牢固。

（2）学生的学习动机存在差异。学生的学习动机并不会对其学习过程产生直接的影响，它更多地表现为间接的影响，良好的学习动机能够有效增强学习效果。比如，意志力强的学生可以长期地保持一种积极的学习状态，从而达到预期的学习目标，而意志力较弱的学生则只能保持短时间的良好学习状态，容易半途而废。每个学生的学习动机都不同，教育教学应该关注学生的学习动机，为学生制定个性化的学习目标与合理的学习计划，为学生提供具有针对性的指导，从而帮助每个学生实现自己的学习目标。每个学生在认知方式、学习风格、学习动机上都存在差异，而这些差异共同构成了他们不同的学习需求，也构成了他们的学习个性。要想满足学生的差异化需求就必须关注他们的个性，为学生的个性发展予以帮助。

（二）翻转课堂的本质分析

翻转课堂也可以叫作颠倒课堂、反转课堂。这里所说的"反转"主要是针对传统课堂教学而言的，翻转课堂是人们普遍接受的概念。随着翻转课堂定义的变化与完善，这体现出教育教学研究者对翻转课堂研究的日渐深入。

第一，翻转课堂就是一种教学形态，由教师创作录制教学视频，学生自己在课下观看视频，再在课上与教师进行交流，并完成教师布置的作业。此前，他们对于翻转课堂的表述大多基于其基本做法，比如学生晚上在家观看教学视频，第二天在教室完成作业，如果有问题就与同学讨论或者向教师求助。这种对翻转课堂的定义，主要是将翻转课堂教学与传统课堂教学相对比，由此突出其特征，帮助人们认识这一教学形式。

第二，翻转课堂是学生利用课前时间借助教师给出的教学资源，包括多媒体课件、视频材料等，自主完成课程的学习，然后再在课中与教师进行互动，一起阐释问题、探究问题，并且完成作业练习的一种教学模式。

第三，翻转学习改变了直接教学的空间，就是由群体空间转向了个体空间，使群体学习空间变得更具动态性与交互性，从而促进学生在学习过程中充分发挥自身的创造性与主动性，积极参与学科学习。

综上所述，翻转课堂是将原来需要在课堂上完成的知识传授提前到课前，再将原来需要在课后完成的知识内化放到课堂中完成。至于翻转课堂的教学资源、教学信息技术以及具体的教学组织方式等，都不属于翻转课堂的原始要求，它们都是在翻转课堂实践发展的过程中延伸、演化出来的部分。

翻转课堂的本质是赋予学生更多的自由，将传授知识的环节放在课前，是为了让学生自由选择适当的、舒适的学习方式；而将内化知识的环节放在课中，是为了让学生更多地、更有效地与教师及其他同学进行交流。

（三）翻转课堂的突出特征

翻转课堂在许多方面都对传统课堂教学进行了革新，作为一种全新的教学模式，它具有一些颠覆传统课堂的突出的特征，翻转课堂改变了传统的教学过程，对课堂的时间进行了重新规划与分配，在传授知识的方式方法上有所创新，并且促进了教师与学生身份角色的转变。

1. 师生角色的转变

教学过程的颠倒、课堂时间的重新分配自然也影响着身处课堂之中的教师与学生，翻转课堂的特征之一就是师生角色的转变。在传统课堂教学中，教师几乎占据着"主角"位置，但是在翻转课堂中，学生成了课堂的中心。学生在学习过程中遇到了问题可以向教师寻求帮助，教师主要负责为学生答疑解惑，提供及时的、具有一定针对性的指导，教师从以往的讲授者变成了学习资源的提供者，变成了学生学习过程中的引导者、帮助者。这也代表着课堂的中心不再是教师，而是学生。这种身份角色的转变向教师提出了更高的要求，教师除了要具备讲授技能之外，还需要具备收集整理教学资源、录制教学视频、组织教学活动的技能。

与此同时，学生在这样的课堂上也需要充分调动自己的主动性，不能再被动地接受知识，而是要积极、主动地汲取知识、内化知识。学生成为课堂的中心，就意味着学生将成为知识意义的主动建构者，他们可以按照自己的学习节奏、学习步调选择合适的学习时间与学习内容，遇到较容易吸收掌握的知识可以适当加快学习速度，而遇到较复杂的内容可以放慢学习速度，反复观看教学视频，仔细探究学习。学生不能再一味地等待教师给出答案，而是要通过自己的努力寻找答案。此外，师生角色的转换也有助于拉近师生关系，对营造良好的教学氛围有一定的益处，师生之间、学生之间可以交互协作，学生可以在丰富的教学活动中掌握知识内容。学生角色由"被动接受者"变为"主动探究者"。

2. 教学方式的创新性

翻转课堂的又一重要特征就是对教学方式的创新，其中最具代表性的就是短小精悍的课程视频，教学视频是翻转课堂教学资源的集中体现。

翻转课堂中的教学视频则在一定程度上改变了这种被动的局面，学生可以通过短小但内容丰富的教学视频来接受知识，并且还可以根据自己的需求暂停、回放、慢速播放视频，这有助于学生把握自己的学习节奏与学习进度，充分鼓励了学生的自主性发挥。在课前或者课下观看教学视频，也会让学生更加放松，在一个相对舒适的环境中学习，不需要神经过度紧绷，如果有不懂的地方还可以反复观看，强化记忆。在之后的复习巩固中，教学视频也发挥着重要的作用。

3. 教学过程的创新性

对传统教学过程的颠覆是翻转课堂最为突出的特征。一般来说，传统教学的过程就是"教师讲授知识—学生完成作业"，这种教学过程把讲授知识的环节放在了课堂上，将内化知识的环节放在了课下，主要由学生自己完成。

翻转课堂的出现将这种教学过程彻底颠覆了，它将讲授知识的环节置于课前，将内化知识的环节置于课中，将巩固反思的环节置于课后。具体来说，翻转课堂要求教师在课前就做好相应的教学准备，按照课程目标搜索、整理或自己制作教学视频，为学生提供充足的学习资源，这样可以让学生在课前就完成基础知识的学习，让教师在课前就完成教学讲授；在课中，学生可以在课前学习的基础上提出自己的问题与困惑，教师则能够及时地予以解答指导，并且，教师还可以组织学生进行小组讨论、合作学习，让学生在课堂上就完成知识的内化；课后，教师同样可以为学生提供有针对性的学习资源，帮助其补充知识，巩固记忆，鼓励学生积极进行学习反思。

可以看出，翻转课堂将传统教学过程完全颠倒了过来，并且对教学过程中各个环节的功能作用进行了重新定位。

4. 课堂时间的重新分配

对课堂时间的重新分配是翻转课堂的重要特征，具体体现在对教师讲授时间的缩减以及对学生学习活动时间的增加上。

在传统的课堂教学中，教师需要把大量的时间花费在知识的讲授上，学生就只能被动地听讲。

翻转课堂则改变了这一局面，它为课堂互动、师生答疑、探究讨论等教学活动留出了大部分的时间，期望学生能够在相对真实的情境中完成知识的学习，并且能够学会交流与合作。由于翻转课堂将教师的讲授环节放在了课前，因此它既保证了教学内容的充足，也有效活跃了课堂氛围，提升了课堂互动性。这种对课堂时间的重新分配有助于加强学生对知识的内化程度，深化学生对学习内容的理解。并且课堂交互性地提升对之后教师开展教学评价也有一定的帮助，教师能够通过学生的互动表现了解学生的学习状况，学生也能在教师的评价中进行反思，更加主动地把握自己的学习。

可以看出，翻转课堂从整体上提升了课堂时间的有效利用率。

二、高校体育中翻转课堂教学模式的应用要点

（一）重视学生的自主学习能力

自主学习强调的是学生独立学习和独立思考的能力，它有利于提高学生学习的主动性，有利于学生持续探索知识，更有利于学生的持续发展和终身学习。

翻转课堂作为信息技术迅速发展的产物，它对学生的自主学习能力提出了更高的要求。学生自主学习能力的培养在翻转课堂教学模式的实施中起着不可替代的作用。

自主学习能力的培养应该注意四点：①注重学习动机，抓住影响动机的因素，并对其进行干预，从而不断激活学生的学习动机；②注重学生元认知发展，采用多种手段发展学生的元认知，并促进学生在这一方面的发展；③重视学习策略的讲授，提高学生的认知能力，鼓励学生采用不同的认知策略；④注重学生环境利用能力及其培养，良好的学习环境有利于学生的学习和能力的提高，因此教师应该注重学生这一方面能力的培养。

在体育课程教学中，教师首先应该意识到动机在学习中的重要性，并积极采取干预策略激活学生的内在动机，同时注重调动学生学习体育的积极性和主动性；其次，教师应该注重学生学习的策略，并采用不同的方式对其学习的策略进行指导；最后，教师要注重学习方法和技巧的传授，同时鼓励学生对自己进行科学、合理的评价。

具体到翻转课堂的实施中，教师应该注重学生学习体育的主动性，并采取多种方式来调动学生学习的积极性。举例来说，教师可以将学生课前观看视频的时间和次数进行统计，并将统计的结果融入期末成绩考核中；在课堂上通过提问、作业检查等方式来考查学生课前观看视频的情况，并将这一考查结果融入日常的学习评价中；对没有按时完成课前观看视频任务的学生，教师也需要采取一定的措施，并对这类学生学习的进度进行及时监督。

总之，利用多种方式来促进学生的主动学习，是翻转课堂教学模式实施的关键。因此，教师应该根据学生的实际学习情况及任务完成的情况，选择恰当的策略，从而促进学生的主动学习。

（二）提高体育教师的能力与素养

教师是教育教学改革的重要保障，无论是体育教学改革还是其他形式的教育教学改革，都离不开教师的积极参与。翻转课堂作为一种新的教学模式，在实施过程中也离不开

教师的参与。在翻转课堂教学中，教师扮演着不可替代的角色。例如，课前教学视频的制作、在线体育教育平台的构建、课堂教学氛围的营造及教学组织和管理、课后教学评价以及对学生具体学习情况的评价等都需要体育教师的积极参与。在翻转课堂影响下，这些教学内容也对体育教师提出了更高的要求。例如，教师的计算机操作能力、信息化教学能力、信息资源整合能力、教学组织能力、教学互动能力、教学评价能力等。要想在体育教学中有效实施翻转课堂教学模式，首先应该意识到体育教师在体育教学中扮演的重要角色，其次从多个方面提高教师的综合能力。

由于体育翻转课堂教学模式，涉及的内容、范围更为广泛，涉及的工作也更为复杂，再加上每个教师的时间、精力等都是有限的。所以，除了提高体育教师的综合能力以外，还应该注重翻转课堂团队建设。随着教育教学改革的不断推进，教育教学改革也逐渐从精品课程建设向教学团队建设方面转移。基于翻转课堂的教学团队建设，是翻转课堂在体育教学中实施的重要保障。它有利于缓解体育教师的压力，有利于培养体育教师的合作精神。同时，还有利于体育教师在教学团队中不断学习、不断吸收他人的经验，不断弥补自己的不足，从而能够在很大程度上提高体育教学的质量，促进体育教学目标的实现。

（三）重视体育教学的安全防范

体育教学是一种特殊的教学项目，它有着其他教学项目不具备的特点，融合体力与智力、需要运动者的身体参与、不同的运动者承载的运动负荷也存在着差异等。同时，不同的体育项目，也体现了不同的特点。无论是哪一种体育项目，都存在着运动的风险，体育运动中的安全防范是降低或避免运动风险的关键，体育教学应该重视安全防范。

与传统体育教学模式相比，体育翻转课堂教学模式注重学生的课前学习。学生通常会在课前对教师事先制作的教学视频进行观看和学习。在这一过程中，学生可以从中理解体育项目中的各种动作，并根据视频中的规范动作进行模仿练习，这样能够为课中教学做好充分的准备。然而，这种课前观看教学视频的过程，是学生自主学习的过程。在这一过程中，教师并不参与其中，学生在模仿和训练动作时由于缺乏教师的监督和指导，出现运动损伤的情况也随之提高。针对这种情况，体育教师应该根据课前教学视频的内容做好安全防范工作。

具体而言，教师应该提高安全防范意识，明确哪种体育内容存在着运动损伤风险，并在教学视频中特别说明。同时，教师还应该注重学生安全运动损伤风险的识别，提高学生的安全防范意识。

除此之外，教师还应该充分利用翻转课堂平台，在教学视频或在师生互相交流的过程中对运动损伤风险进行分类，并给出相应的预防措施。

（四）优化高校信息化教学环境

随着网络技术、多媒体技术等信息技术的不断发展，教育信息化已成为教育改革的必然趋势，教育信息化改革在很大程度上促进了教育教学的现代化发展。高等院校在教育教学现代化建设中，十分注重教育信息化的融入。如何充分利用信息技术，如何将教育信息化与教育教学现代化有效融合，是当今教育教学改革的重要内容，也是教育改革中教育者研究的重要方向。

翻转课堂作为一种新的教学模式，注重多媒体技术、信息网络技术的利用，注重在线教育、教育技术的融入，这是翻转课堂与传统教学模式的主要区别。由此可见，翻转课堂教学模式的有效实施离不开信息化教学环境的支持。要想有效实施翻转课堂教学模式，就应该不断完善信息化教学环境。尤其是在当今信息化时代，以翻转课堂教学模式为典型代表的信息化教学日益受到重视。作为影响信息化教学的重要因素，信息化教学环境也日益受到重视，只有不断完善信息化教学环境，才能在一定程度上保证信息化教学模式的顺利实施。

（五）加强公共体育教学的实践

目前，高校公共体育教学日益受到重视，将翻转课堂与高校公共体育教学相结合，将有利于实现高校公共体育教学的信息化教学，有利于促进高校公共体育教学的持续发展和改革创新。因此，探索和研究高校公共体育翻转课堂教学理论与实践，对高校公共体育教学理论研究和实践发展都具有不可忽视的意义。

高校公共体育翻转课堂教学理论和实践研究是一个十分复杂的过程，并不是朝夕之间就能完成的。为了更深入地研究高校公共体育翻转课堂教学理论与实践，体育教育工作者应该更新教育教学观念，意识到翻转课堂在高校公共体育教学中的重要性，并从多个维度研究高校公共体育翻转课堂教学理论，不断吸收前人研究的最新研究成果和实践经验。同时，体育教育工作者还应该根据体育教学改革的要求，不断提高自己的能力和水平，不断在公共体育教学中研究和探索，加强翻转课堂在公共体育教学中的理论与实践研究，真正实现翻转课堂与公共体育教学理论与实践的有效融合。

（六）避免翻转课堂的异化现象

翻转课堂教学模式在教学理念、教学目标、教学方式、教学结构、教学策略等方面都与传统教学模式存在着较大的差异。因此，教师应该意识到翻转课堂在体育教学中的重要性，根据学生的实际学习情况和学生的身心特点，结合教学的具体目标和体育学科的特点，科学地将翻转课堂融入体育教学实践中，从而真正提高体育教学的效果，避免翻转课堂在体育教学中的异化现象。

第四节　高校体育混合式教学模式

一、混合式教学模式的解读

长期以来，学生在传统教学模式的框架下学习体育知识与技能，不可否认取得了一定的成果，但也存在问题。在这种背景下，基于信息技术的混合式教学模式得以提出，体育教师可以借助各种各样的教学方法实施不同项目的体育教学，教师的教学积极性得到提高，学生参与体育学习的热情也随之上涨，体育教学的效果得到了很大改善。

混合式教学是在信息技术飞速发展的时代背景下产生的，它的践行离不开网络化的教学环境，这是实现人机互动的基础。混合式教学实施的目的依然是更好地达成教学目标，只不过在教学过程中强调教与学所有要素的优化组合，这样才能取得最佳效果。各种各样的教学理念、方法、原则都可以在混合式教学中得到应用，学生可以自主地选择适合自己的学习方式，达成学习目标。混合式教学强调教学技术的应用，教学是一个信息与知识传递的过程，传递的效果如何，与教师采取的教学技术密切相关，恰当的技术能够极大地优化教学效果，反之，则对教学起到负面影响，学生的学习质量也不高。所以，教学必须依托恰当的技术。

线上学习与线下学习结合仅仅是混合式教学的表现形式，其内在本质应当渗透在多个维度，如在线学习环境与课堂学习环境的融合、在线教学活动与课堂教学活动的融合、在线教学资源与课堂教学资源的融合，等等。

综上所述，在线学习与传统课堂学习的整合是混合式教学的主要特点，各种教学理论、方法、资源、媒介等的融合是混合式教学的核心内容，在此基础上，学生充分发挥主体作用，教师则扮演辅助角色，在良好的环境中开展自主学习、协作学习、个性化学习，以实现教学的最终目的。

（一）混合式教学模式的定位

第一，混合式教学是相互关联的动态系统。教学过程中的各要素本身就息息相关，在混合式教学中更是如此，甚至各要素的关系更为密切，它们相互关联、互为影响，共同构成了教学的耦合系统。教师与学生作为教学活动的双方，二者都存在自我组织教与学的意识，只不过在能力上表现得有强有弱。有序化的教学过程离不开师生双方的共同努力，师生有着共同的目标，也站在各自的立场接受着相同的信息，由此，学习过程中产生的问题与障碍便具有了一致性，有序化便得以实现。

第二，混合式教学重在激发学习兴趣。兴趣是最好的教师，也是学生学习最大的动力，混合式教学就非常注重对学生学习兴趣的激发。不论是在教学课件的制作中，还是教学活动的安排中，或者课后作业的布置中，混合式教学都强调融入趣味性元素，将学生的学习兴趣挖掘与调动出来，这样学生才能主动学习。

第三，混合式教学是线上与线下教学的融合。单纯强调在线教学、网络教学的教学方式不能被称为混合式教学，因为混合式教学是在线教学的延伸与传统课堂教学的扩展，更是二者的有机结合体。在线教学与传统课堂教学都存在不可忽视的缺点，即前者容易导致师生互动交流的缺失，学生在遇到问题时无法及时向教师反馈并寻求帮助，教师也无法立刻知晓自己的教学效果；后者则以教师讲授为主，弱化了学生学习的主体地位，阻碍了学生自主学习、合作学习、探究学习的步伐。

在线学习十分考验学生的自控能力与信息处理能力，如果学生沉迷于在线环境，在应当学习的时间玩游戏或者开展其他活动，则会使学习效果大打折扣；倘若学生不具备相应的信息处理能力，也无法完全按照教师的步骤开展学习。至于传统课堂教学，其教学资源过于单一，学生的学习需求得不到满足，掌握的知识也不够全面。可以看出，在线教学与传统课堂教学均存在不足，哪一种教学方式单独使用都无法实现最佳的教学效果，只有将二者结合起来，相互弥补缺点、发挥优点，才是最好的。

混合式教学之所以在教学实践中取得成功，就是因为其将在线教学与传统课堂教学相结合，充分发挥这两种教学方式的优势，这为教师提供了新的教学途径。概而观之，混合式教学模式对学生更为关注，其在肯定教师作用的同时，鼓励学生自主探究学习，让学生主动完成意义的建构，形成更为健全的知识体系。

（二）混合式教学模式的特点

1. 个性化学习

教学内容虽然具有一定的固定性，但是学生在掌握这些内容时的侧重点却存在差异，这是因为每个学生的学习需求是不同的，他们会采取不同的学习方式、学习方法朝着不同的方向前进。混合式教学以学生为中心，根据学生的需求为他们制订个性化的学习方案。在差异化的教学辅导下，学生收获的学习成果要比传统课堂教学丰硕得多。当学生某个阶段的学习目标达成之后，也将更有动力开展下一阶段的学习。

为学生制订个性化的学习方案，并不意味着教师要事无巨细地照顾每个学生，教师只需要根据学生在网络教学平台上提交的个人学习的薄弱环节，就可以为他们制订出有效的学习方案。对于学生已经掌握得很好的知识点，一带即过；对于学生感到疑问与困惑的知识点，则进行深度讲解。如此一来，学生虽然没有得到教师一对一的辅导，但是却收获了相同的学习体验，获得了相同的学习效果。

2. 监督化学习

混合式教学主张对学生的学习进行监督，目的是更好地掌握学生的学习情况，从而为其提供针对性的教学辅助。所谓新型的监督化学习，主要是依托学生在线学习反馈的数据，对这些数据加以分析，学生的学习情况就完整地呈现在教师面前。

教师也可以通过多种方式主动了解学生的学习情况，如批改学生的作业、查看学生的学习反馈、统计学生在线平台的相关讨论等。教师之所以要及时关注学生的学习进展，是因为假如学生尚未掌握现阶段的知识，就进入下一阶段知识的学习中，必然会导致两个阶段学习效果均不佳的后果，所以，教师必须确保学生已经掌握了现阶段的知识，才能依照计划开展接下来的教学。

除了以上获取学生学习情况的方式之外，学习跟踪系统与学生自我评价系统对于教师来说也是十分可行的选择。一方面，教师可以通过学习跟踪系统对学生的学习情况进行统计，如根据学生对教学材料访问的次数推断学生对这部分教学内容的掌握程度，根据查看教学材料的具体用户了解不同学生的学习进度，等等。

自我评价系统不仅是针对学生开发的，让学生对自己的学习情况进行评价，而后上传至系统平台，更对教师掌握学生的学习情况大有裨益，教师可以依据学生对自我学习成果的总结与反思，知晓学生学习目标的达成情况，从而对自己的教学行为加以调整。从这个角度来说，自我评价系统既让学生对自己的学习表现进行了客观评价，也反映出了教师的教学成效，实现了对教师的监督。

3. 多方向混合式学习

（1）教学理论混合。教学活动的复杂性，教育界并不存在所谓的通用教学理论，即一种在任何情况下都能促进教学实践发展的理论，因此，教师应当根据教学的实际情况采用多种不同的教学理论。目前，公认的对教学效果具有积极作用的教学理论包括行为主义教学理论、认知主义教学理论、建构主义教学理论等。在知识的传播与转换方面，行为主义与认知主义教学理论的优势最为明显，其能够极大地促进学生对知识的学习、内化与吸收；在均衡教师的教与学生的学方面，建构主义教学理论则表现得更好，其能够指导教师建构起有利于学习发生的教学环境，从而推动整体教学目标的实现。不同的教学理论具有不同的特点，它们所表现出的对教学的促进作用也各不相同，这就要求教师在分析教学内容、教学目标、学生学习情况等的基础上，灵活应用各种教学理论，这也是混合式教学所倡导的教学理论的混合，唯有如此，才能最大化地发挥各教学理论的作用。

（2）教学方式混合。对于混合式教学而言，线上与线下即在线网络教学与传统课堂教学的结合是最表层的含义，这也意味着，只要是混合式教学，就都符合线上与线下混合这一特点。在以往的教学实践中，以互联网、多媒体等为媒介的线上教学与传统的课堂教学存在一道鸿沟，大多数教师仅仅以课堂讲授作为教学的重心，混合式教学则打破了线上与线下教学的界限，使两种看似迥然不同的教学方式融为一体。

其实，不论线上教学还是线下教学，其目标都是高效完成教学活动，让教学成为有效、有意义的事。混合式教学在教学实践中的应用绝不能流于形式，要真正地把教学各要素有机联系起来，如师生、家长、教学资源等，引导学生同时开展线上学习与线下学习，充分发挥互联网、多媒体等对传统课堂教学的促进作用，让学生在良好的氛围中习得知识、掌握技能。

（3）教学资源混合。

第一，教学资源内容的混合。随着社会的发展，单一的技能型人才已经无法满足用人单位的需求，因而，综合性人才培养成为高校的重要任务。学生在学习的过程中，不能仅仅接受某一门学科知识，而是要广泛吸收多学科的内容，在混合式教学资源内容的推动下，形成系统条理且发散的知识体系，从而形成更强的社会竞争力。

第二，教学资源呈现方式的混合。教学资源是学生知识与技能学习的主要来源，在传统的课堂教学中，教学资源通常借助书本这一载体以文字的形式呈现出来。基于混合式教学，越来越多的依托互联网与多媒体的资源呈现方式衍生出来，学生完全可以在学习课本的基础上，借助新型的资源呈现方式加深对知识的理解。知识本身就是无处不在的，课本中、黑板上、网络里都能学习到知识，只有将传统的与新型的教学资源呈现方式混合起来，同时发挥二者的作用，才有利于学生对多种教学资源的综合利用。

第三，教学资源整体的优化与整合。在线学习资源与传统的课本中的学习资源融合，学生获得了庞大的学习资源库，其多种多样的学习需求基本都能得到满足。但与此同时，庞大的学习资源库中也产生了许多低质的内容，如同一知识点的重复讲解、同类知识点的分散讲解等，这样的资源并不利于学生的高效学习，也造成了不小的资源浪费。所以，教学资源必须在混合的基础上实现优化与整合。

二、基于微信的高校体育混合式教学模式

（一）高校体育混合式教学模式的特点分析

1. 线下教学为主，线上教学为辅

在当前的高校体育教学中，学生在课上聆听教师对体育知识与技能的讲解，而在课下

巩固时，大多只能依靠脑海中的记忆或者身体感受进行，能够用来参考的复习资料很少，这约束了学生对体育技能的全方位把握。在基于微信的体育混合式教学中，学生可以借助在线教学平台查阅自己所需的学习材料，对于已经掌握的知识大致浏览，而那些难度较大的知识则进行多次阅读并加以演练，这不但提升了学生课下巩固的效果，还使得其个性化学习需求得到满足。但是，体育毕竟是一门以实践课程为主的学科，学生切切实实地开展身体运动才是根本，线上教学只能作为线下教学的辅助手段存在，而绝不能将其替代。

2. 线上线下教学内容的高度相关

线上与线下作为两种不同的教学手段，其目的是一致的，即促进体育教学的有效开展，在应用两种教学手段的过程中，线下教学始终处于主导地位，因此，无论线上教学的资源内容如何丰富、资源呈现形式如何精彩，在教学内容上，都应当与线下教学保持高度相关。体育教师可以在线上教学平台发布课前预习内容，也可以将课堂讲授中没有阐释清楚的知识点制作成教学视频上传至线上教学平台，帮助学生课后巩固与复习。

3. 线上教学与线下教学优势互补

线上教学与线下教学各有利弊，基于微信的体育混合式教学要做的就是将二者的优势充分发挥出来，缺点则尽可能规避。线上教学突破了学习的时空局限性，学生在图书馆、自习室、宿舍乃至家中都可以开展体育学习，并且能够接收到大量的学习信息，但由于学习环境的改变，学生的学习过程无法得到有效监督，集体学习的氛围也无法感受到，这也会在一定程度上影响学习成效。所以，基于微信的体育混合式教学要把线上线下教学的优势结合起来，从而切实提高体育教学的质量。

（二）高校体育混合式教学模式的应用要点

第一，线上教学平台设计应简单易用。借助微信开展体育教学要注意教学平台设计的简单化与易用性。微信作为大学生必备的即时通信工具，本身就具有普及率高、易于操作等特点，体育教师只需将微信原有的功能稍加研究，就能开发出线上教学平台。例如，体育教师可以申请一个微信公众号，将教学材料放置于此让学生浏览与阅读；还可以建立微信班级群，在群内发布与体育教学有关的通知或者与学生就体育学习的问题展开讨论等。

第二，线上教学内容应仔细甄选。线上教学内容作为线下教学的补充，体育教师应当仔细甄选。在线下体育教学中，大多数学生都存在教学内容过于单一且十分枯燥的感觉，尤其是体育理论课的教学，为此，体育教师可以将一些体育竞赛、全民健身政策或者正能量的体育故事融入线上教学中，让学生在兴趣的推动下进行课前预习，并以极高的积极性投入课中学习与课后复习之中。

第三，线上教学应有组织性、纪律性。大学生对手机的依赖程度不断提高，在基于微信的体育混合式教学中，为了防止学生沉迷于网络，教师要引导学生形成自律的意识，并在此基础上，确立明确的课堂纪律，让学生在有组织、有纪律的环境中开展线上学习。

第四，线上教学交互通道畅通无阻。在传统体育教学中，师生之间的交互通道较为单一，在线上教学的辅助下，师生之间的交互打破了时空限制，一名教师面对多名学生、一名教师面对一名学生、多名教师面对多名学生的情况均成为可能，这样的教学环境拉近了师生间的距离，改善了师生间的关系。在实际教学中，体育教师要努力维护各种交互通道，如学生线上留言、学生参与线上教学平台建设等，从而优化线上教学的效果。

之所以采用基于微信的体育混合式教学模式，是因为微信在大学生群体中的普及程度非常高，几乎每个大学生每天都多次使用微信，借助这个大学生十分喜爱的通信软件开展体育教学，教学的效果无疑能够得到提高。

在实施这一教学模式时，体育教师应当明确线上教学与线下教学的主次关系，在这个前提之下，选择与线下教学内容相关度高的线上教学内容，充分发挥二者的优势，促使学生在有组织、有纪律的环境下，学习体育知识与技能。在微信的辅助下，体育教学的实施有了更多可能，体育教师不再是教学的主导者，学生以学习主体的身份投入体育学习之中，在自主学习意识的支配下，体育学习的成效有所提升，教师也有了更多时间与精力为学生准备拓展性的教学素材。

三、基于 QQ 群的高校体育混合式教学模式

（一）高校体育混合式教学模式的设计要点

1. 设计依据

高校体育教学改革的深入推进，健康第一、健身育人、以学生发展为本成为体育教学的主要指导思想，在此基础上，灵活运用多种教学模式，从而提高体育教学的质量，使体育教学获得更为丰硕的成果。学生作为体育教学中的主体，教师开展的一切教学活动都应当围绕着学生，在基于 QQ 群的体育课混合式教学模式设计中，也应当充分考虑学生的特征，这样不仅能对学生学习的初始能力有大致的了解，还能对不同学生的特点有全面的把握。

2. 目标设计

不同教学模式在教学中实施的目的都是相同的，即达成教学目标，混合式教学模式同样如此，要想取得良好的教学效果，首先需要设计出合理的教学目标，而后，教学活动便

围绕着这一目标开展。体育课程改革为当前的体育教学制订了更加科学合理的目标，并通过三个维度表现出来——知识与技能目标、过程与方法目标、情感态度与价值观目标，由此也可以看出，体育已经不再是单纯教授学生体育知识、锻炼学生体育技能的学科了，而是从学生的全面发展出发，培养学生的体育综合素质。根据这三个目标维度，学生应当做什么、在什么环境下做、做完之后要达到什么要求都是体育教师在教学目标设计中应当明确的。

（二）高校体育混合式教学模式的实施要点

1. 实现条件

（1）网络工具的支持及物理环境。混合式教学模式的实施离不开必要的上网工具，因为无论是微信还是 QQ 都需要网络设备的支持，现如今的大学生，人人都有智能手机，还有很多同学有平板电脑、笔记本电脑等移动上网设备，所以基于 QQ 群的体育课混合式教学模式具有坚实的网络工具支持。相应的网络环境更是不成问题，大学生几乎都配备了流量十分充足的套餐，他们随时可以畅游在 4G 甚至 5G 的网络环境中。有些高校为了方便学生开展网络学习，还专门设置了校园无线网，只要在校园内，学生便可以尽情地使用。

（2）场地器材分析。21 世纪以来，高等教育的发展始终受到教育部门的关注，体育教学更是处于不断的改革优化之中。现在，绝大多数的高等院校体育场地器材都非常完备，即便是某些硬件条件不好的高校，也都拥有标准的 400 米塑胶田径场，各种球类器械、刀枪棍棒等也都配备。在这样的硬件环境中，体育教师需要注意的是，专门项目的体育器材并非只能在对应项目的教学中使用，如球类器械也可以在其他体能课上应用，从而锻炼学生的肢体协调能力。

2. 实施过程

（1）课前实施。体育课前，每节课的教学内容都可以通过相关的教学平台查阅，为了减小学生课前自主预习的难度，教师可以搜索与本节课教学内容相关的技术动作视频，根据学生的实际接受情况稍加调整，而后上传至 QQ 学习群内，并把预习任务告知学习小组的组长，让小组成员带着任务开展学习。若学生在观看教学视频的过程中产生疑问，可以通过群聊及时向教师求助，教师将一般性的问题加以解答，那些难度太大的问题则留到课堂上集中阐释。

（2）课中实施。体育课中，体育委员发挥带头作用，组织全班同学进行热身训练，与此同时，各小组长帮助教师把上课所需的器械道具放到相应位置。全班同学热身结束后，体育教师就本节课需要学习的内容向学生简单提问，考察他们课前自主学习的成果，而后，教师详细讲解教学内容，并亲身示范。在此基础上，全班同学以划分好的小组为单位，在小组长的带领下开展动作训练。体育教师进行巡回指导，对动作错误的学生加以纠正。练习结束后，各小组进行比赛，对获得胜利的小组予以奖励，失败的小组则接受适量的体能加练惩罚。

（3）课后实施。体育课程结束后，教师要为学生布置相应的作业，以巩固学习成果，具体包括体能作业、技能作业与上课总结。完成作业的过程中，出现任何问题都可以通过QQ群与同学探讨或者直接向体育教师请教。

第五章 高校体育教学中的运动教育模式探索

第一节 运动教育模式的理论综述及时代价值

一、运动教育模式的理论综述

（一）运动教育模式的直接目标

"随着社会的不断发展，国家和社会对学生的要求也在不断发生变化，体育课程也势必不能只有强身健体的基本功能，这时运动教育模式在体育课程不断改革的背景下应运而生。"[1] 运动教育模式是一种体育课程及教学模式，在体育课程教学内容及方法上贯彻了游戏教育理论"以意义为中心"的文化理念，体现了"以学生为中心"的人文关怀，旨在在学校体育中为学生提供真实、富有教育意义的运动体验。在这一模式中，以比传统体育课程单元长两到三倍的"运动季"为教学单元，以比赛为教学设计主线，以决赛和庆祝仪式为运动季的高潮和结束，以课堂表现和比赛成绩记录为评价依据，在整个运动季中，学生以长期的团队小组为单位进行计划、练习和比赛。

游戏教育理论中指出体育的目的，是增加学生进行竞争性和表现性运动活动的倾向与能力；而运动教育模式的目的，是旨在帮助学生成为有能力、有文化和有热情的"运动者"。其中，"有能力"是指有足够的技能来令人满意地参与比赛，理解并能够执行与比赛复杂性相适应的策略，是一个知识渊博的运动者；"有文化"是指能理解并重视体育的规则、仪式和传统，可以在儿童游戏和专业体育中分辨体育实践的好坏，有文化的运动者既是一个更有能力的参与者，也是一个更有眼光的消费者；"有热情"是指能身体力行地维护、保护和弘扬体育文化，参与进一步发展地方、国家或国际级的体育运动。基于该目的，运动教育的直接目标可以总结如下：

第一，发展特定运动项目的技能和体适能。

---

[1]李晓曼. 运动教育模式研究综述［J］. 拳击与格斗，2021（12）：153.

第二，欣赏并能够执行体育中的策略游戏。

第三，在适合其发展阶段的水平上参与。

第四，分享运动经验的规划和管理。

第五，提供负责任的领导力。

第六，为了共同的目标，在团队中有效地工作。

第七，欣赏赋予运动独特意义的仪式和习俗。

第八，培养对体育问题作出合理决定的能力。

第九，发展和应用有关裁判、裁判工作和培训的知识。

第十，自愿参加课外体育活动。

（二）运动教育模式的实践特征

运动教育模式是从实践中发展、并成功运用到实践中的教学模式。许多仅仅传授单独的技术动作的体育课堂中体育运动被"去背景化"了，脱离了真实的运动情境。学生不仅难以亲身体验到运动的乐趣和意义，而且蕴含着运动项目文化的仪式、习俗等都没有涉及。只有在贴近真实的运动情境中组织起来的教学，才能彰显体育运动的文化意义，带给学生真实而富有教育意义的运动体验。因此，为学生提供更加完整、真实的运动体验成为运动教育模式的初衷和始终坚持的原则。

运动教育模式的关键特征，它们均来自于社会文化环境中体育的真实运作方式，例如校际联赛、青少年体育锦标赛、美国篮球职业联盟比赛、奥林匹克运动会等。通过对这些特征以及运动教育模式在实践过程中体现的特征进行归纳和总结，有利于理解把握运动教育模式，并更好地应用于实践。

1. 以运动季为教学单位

为了给学生提供更加完整、真实的运动体验，帮助他们成为真正的游戏者、运动者，既充分发展运动技能，又不囿于技术习练，同时符合学生的发展水平和学习规律，有效达到运动教育的目的，这些要求便导致运动教育模式与传统体育教学方式在许多地方都有差异，首先便是采用"运动季"代替传统教学单元。这一点也是该模式最鲜明的特征之一。

（1）运动季的时长。运动教育模式采取运动季替代了传统的教学单元，以"季"作为单位，这种教学单元的显著特点就是跨度大、时间长。确定运动季时长，需要考虑三个因素：①有足够的时间学习运动的技术、战术；②有足够的时间学习其他角色的任务和技能；③有足够的时间进行练习和比赛，随后再根据课时计算季节长度。

不论采取哪种方法，运动季都远长于传统体育教学的短单元，而与这种大教学单元相呼应的，是专一的运动项目，即每个运动季都以一个选定的运动项目为主题，专门围绕该项目进行教学和比赛设计，为深入学习和了解该项目提供了可能性，避免了传统体育教学中短单元而多活动的模式导致的学生无法掌握运动技术的情况。

（2）运动季的主题。运动季的主题选择范围很广，不仅适用于竞技运动项目，其他竞技性不强的运动项目以及有氧运动、力量训练，甚至是单纯是跑步，也能使用该模式，通过各种比赛增加其竞争性。例如以体适能为主题的运动教育课程，其中跑步运动季有 20~25 个课时，成功的跑步运动季关键在于多样性，其多样性体现在：训练方式上，有法特莱克跑法、间歇训练法、长距离慢跑等。训练场地上，有跑道、公园、树林等。训练强度上，有高、中、低强度。比赛形式上，有计时跑、快步走、障碍跑、定向越野、伙伴和团队比赛。通过设计定期的比赛调动学生的参与兴趣，准备比赛和在比赛中的团队表现将成为整个运动季的主要动力。

（3）运动季的安排。在每个运动季内，训练和比赛的进程、难度、强度和密度等，都按照学生的身心发展水平和学习规律来计划。例如在足球运动季中，开始要建立班级管理规程，即课堂常规，然后介绍相关运动及其历史，并强调安全规则。在开始教授足球技术时，先介绍运球、掩护、抢断、射门等基础技术，随着运动季的推进，技术和战术的学习更加深入，随之引入前锋、后卫的位置和传球的技术、守门员技术等。练习和比赛的强度也随着运动季的推进而增加，且各种比赛要穿插进行，促进身体肌肉的恢复。

此外，运动季还可与社会文化中的体育赛事时间相结合。例如 NBA（美国男子职业篮球联赛）常规赛在 11 月左右开始，那么篮球项目的运动季便可安排在冬季，根据季节划分运动季并与当季流行的运动项目相对应的计划表，学生可以在这些运动中进行选择。

运动教育模式以运动季作为大教学单元，为充分学习运动知识、获得运动体验提供了充足的时间，能够将真实运动情境所涉及的元素囊括其中，为实现该模式的目标提供了时间条件。

2. 以运动竞赛为主要形式

社会与人的异化问题导致人感到无法真实、自主地掌握自己的命运，失去自我，失去意义感、价值感，而应对这种异化就必然要重新找到生命、生活的意义。人们在观察了大量体育课后深刻认识到，课堂效果在技术知识与学生体验这两方面是不一定成正比的，即使教学效果良好，学生也会感到乏味无趣。从对个人和文化的意义角度来说，单个运动技术是没有意义的，例如羽毛球中的发高远球技术在脱离比赛情境时，就仅仅是举着球拍在头上做鞭打动作，以这种教学方式为主的体育毫无意义可言。然而，利用各种技术动作在羽毛球比赛中和对手较量却引人入胜，且意义非凡。只有在真实的运动情境中真正的教育才会发生，只有当体育运动以竞赛的形式，亦即游戏的形式展开时，才能使学生的体育经历变得富有意义和趣味。

因此，运动教育模式以运动竞赛为课程设计主线和主要形式，这是其最具代表性的特征。比赛是最受学生欢迎的，在比赛中胜利能够使学生获得很高的个人成就感，也可以增强参加下一次比赛的动机。

（1）竞赛的安排。在每个大单元的运动季内，以常规比赛串连技术学习的过程，穿插在练习课中，以最终决赛作为一个运动季的高潮，营造庆祝仪式的节日氛围。课程伊始进行基础的技术学习、练习，随即便开始常规赛，并以常规赛贯穿全程，最终以决赛作为高潮，也是一季的结束。

（2）竞赛的设计。竞争是运动体验的基础，也是运动教育成功的基础，它提供了并且增强了学习的动力。为了让学生能更深入地参与进来，运动季中涉及的竞赛并不是国际或国家标准的比赛，而是根据学生的身心发展水平和学习规律进行修改、调整或创造的。可进行修改或调整的包括运动器材的大小、重量，比赛场地的大小，比赛的规模，球门的大小，球网的高度以及得分方法等。例如体操项目中，可以使用更宽更低的平衡木，更低的跳箱，田径项目中，可以使用更低的跨栏架，更大的起跳板等。

总体来说，对竞赛的设计和修改可遵循四个原则：①使得分更容易；②增加练习技术和战术的机会；③循序渐进，以便学习战术；④保持竞赛的挑战性，在适应学生情况的同时最大程度地体现竞技性、真实性。

此外，对于没有对抗性竞赛或竞争性不强的运动，教师可根据项目特点自行设计比赛，以更好地完成一个运动季。

（3）竞赛的组织。为了让所有的学生都能享受比赛并取得成功，运动教育模式主张采取分级竞赛的组织形式，将学生按照技术水平分成不同组别，使同一水平的学生进行比赛。不同组别的比赛可以使用不同的规格的器材、场地和得分规则，以适应各个程度的学生，但每个组别的比赛都是平等的，其所得到的分数和对联盟团队的贡献都是一样的，避免不同水平的学生之间产生隔阂。在赛制设计上，也不采用淘汰赛，多为循环赛。

学生以团队联盟为单位参赛，赛制设计不采用淘汰赛，多为循环赛，对于没有对抗性竞赛或竞争性不强的运动，教师可根据项目特点自行设计比赛，以更好地完成一个运动季。

3. 以团队角色为参与途径

受存在主义①影响，运动教育理论注重人的主体性、主观情感和自由，正如一切价值

①存在主义，是当代西方哲学主要流派之一。存在主义以人为中心、尊重人的个性和自由。人是在无意义的宇宙中生活，人的存在本身也没有意义，但人可以在原有存在的基础上自我塑造、自我成就，活得精彩，从而拥有意义。

和意义的获得途径，是要参与体育运动，投入到运动世界中去，在运动中感受自己、掌控自己，体验自己的完整性，体会自己与运动世界的融合，在运用身体、技术、规则和智慧中感受运动文化，享受体育运动带来的乐趣。除此之外，也会有其他方面的价值产生，如身体的、社会的、精神的或者情感的，但他们的获得也是因为参与运动了。

换言之，当人参与运动后，其身体、精神、情感必然会受到运动的影响，但首要的是参与。

（1）建立联盟。建立具有混合能力的异质型学习小组是运动教育模式独特的教学方法之一，通常在运动季开始时就进行分组，由 6 至 10 个学生组成，并在整个运动季甚至一个学年内都维持这一分组，在该模式的语境下，这种学习小组更像是团队联盟。

练习中，学生以联盟为单位一起进行学习和训练，互相纠正错误，共同进步；比赛时，学生代表自己的联盟出战，每一次胜利都为团队获得积分，最终的评分也以团队为单位。这种形式有利于学生对自己的学习有更强的掌控感，也提高了参与性，在团队联盟中，与同伴的相处使学生学会与他人合作和共处，学会提供与接受帮助。

此外，这种形式也将一定的管理工作分派给学生自己，教师也有了更多的精力专注于教学。当在教学中使用运动教育模式，对学生进行分组后，课堂纪律不会因为小组学习而变差，反而在队长的带领下大家变得自觉很多，提高了课堂的效率。

（2）分配角色。在每个运动季中，学生除了以团队联盟为单位进行练习、比赛，每个人还需要学会扮演各种运动中的角色，并以不同的角色身份参与到运动中，在建立团队联盟后便引导学生分配角色。这种参与方式有助于学生更全面地理解体育运动，从而成为一个更有文化的运动员。在不同的运动情境下，涉及的角色有所不同，可分为四种角色：①运动选手角色；②值班角色；③团队角色；④特定运动的可选角色。其中，运动选手、裁判、记分员是每个学生都必须学会的角色，

在每个联盟团队中，还包括教练、队长、经理等角色。此外，特定的运动项目中有其特定的角色，例如在球类运动中可能需要统计员、寻球员、终点裁判等。

第一，运动教育模式中的必学角色。

比赛选手：努力学习技术和战术；努力而公平地比赛；支持队友；尊重对手和工作人员。

第二，运动教育模式中的值班角色。

裁判：管理竞赛；做出决裁；保持比赛的进展，不受其他影响。

记分员：记录发生的得分表现；对正在进行的竞争的状况进行跟踪记录；汇集分数；将最终记录交予相关人员（教师、公关人员、经理或统计员）。

第三，运动教育模式中的团队角色。

教练：提供团队领导；指导技术、战术练习；决定比赛阵容；向老师或经理上交名单。

队长：在赛场上代表球队与裁判交谈；在比赛中发挥领导作用；支持和鼓励队友。

经理：承担团队的行政职务；帮助团队成员为他们的角色找到合适的位置，如执行者、裁判、记分员等。

器材管理员：收集并归还团队器材；管理比赛服装；如有器材损坏或遗失，应及时通知老师。

体适能专家：领导团队热身；领导团队的健身计划。

队医：了解与运动相关的常见伤病；在需要时提供急救物资；如果在训练或比赛中受伤，要通知老师协助老师进行急救和随后的康复。

公关人员：收集记录和统计数据并加以宣传；撰写体育周报、校报稿件，制作海报等。

记者：撰写比赛报告；向宣传人员或老师、学校提交比赛报告。

解说员：在比赛前介绍选手；描述比赛过程。

在所有的角色中，裁判是非常重要的，学生裁判的质量将在很大程度上决定整个运动季的质量，因此需要对规则和执裁的专门学习和练习。在常规比赛和决赛中，学生要轮流担任裁判员，或由场下暂不比赛的联盟成员执裁。

在运动教育模式中，学生通过团队联盟和角色扮演来参与运动，这种小型的、持久的、异质合作学习小组，对于学生的个人的发展十分重要。同时，学生在学习做一个良好团队成员的过程中也促进了团队整体的进步，这便体现了教育通过为学生个人服务从而贡献社会的观念。而角色扮演的模仿活动，同样属于游戏范畴，具有极大的魅力和趣味性，有利于调动学生的积极性，通过各种角色在竞赛中的体验，学生也能够更全面、深入地理解体育文化。同时也通过角色扮演的方式，将学生置于负责任的位置，经过不同视角体验运动，使他们在参与运动中能更加约束自己的言行，更加积极努力地精进自己的技术。

4. 以多样积分系统为评价方式

在运动季的设计中，还有一个重要的方面，就是如何确定一个运动季的冠军队，这便涉及到对学生学习和表现情况的评价。运动教育要贴近真实的体育情境，并在各个方面都按照真实的运动竞赛来设计，然而在成绩评定和授予奖项上，此二者存在巨大的不同。在运动教育模式中，提倡教师通过多重角度去决定冠军队的评定方法，并非唯比赛成绩至上。因此运动教育模式强调竞赛的真实性、体验的多样性和深入性，相应地，它也强调评价的真实性和全面性。

在我国运动教育模式的相关研究中，"建立积分系统"并未得到太多关注，没有针对性的研究，在实践中也往往被忽视，或并未提及如何建立和使用积分系统，这表明我国还未能深入了解和掌握该特征。

（1）评价的步骤。建立运动教育的评价体系至少需要以下三个步骤：

第一，根据相关项目的主要特征，确定本运动季的目标和结果，可以从团队组织、参与形式、精神品质等方面考虑。

第二，为这些结果提供一个权重，例如设计每队每场比赛可以获得多少分时，可以在一对一比赛中规定获胜得2分，平局得1分，输局得0分。

第三，设计或选择用于收集信息的仪器和手段。

（2）评价的手段。在运动教育模式中，评价学生学习和表现情况的手段是多样化的。可以通过书面测试、同伴评价、自我评价、课外作业等各种方式对学生的课堂表现、知识掌握、任务完成情况进行评价，也可以通过使用心率监测、步数监测等仪器对其课外活动水平和课堂运动强度进行评价。

运动教育强调学生在参与中获得真实的且有意义的体验，其中，角色扮演是运动体验的重要部分，因此所以除了比赛之外，还必须评估学生在裁判、记分和团队管理方面的表现。因此，通过直接观察法，仔细观察学生在比赛和练习中的行为，并对此进行记录，可以对学生的表现进行真实的评价。

在记录时，教师往往有针对性地设计了积分系统，用以全面地记录学生个人和团队的表现，这一方法也形成了一种问责制，对学生在团队中履行角色任务的行为予以约束，敦促学生尽职尽责。积分系统往往是多样的，根据运动项目和运动季的安排而设计，也关系到教师对奖项的设置。

（3）评价的时间。最好的教学评价是持续的，因为它包含在班级的日常活动中，而不是专门为了评估而在某一天特意进行考试。在运动教育模式中，用来决定冠军的积分系统通常包括了学生在运动季中的大部分表现、值班团队的表现和公平竞争的情况，这些都是对团队表现的重要评估。因此，这种全面的、多样的教学评价贯穿于整个运动季，与教师的教学进度相伴而行。

5. 以传承文化为体育课程宗旨

从古至今，游戏因素活跃在人类社会文化发展的整个进程，并催生出社会生活的各种文化活动形式，因而游戏既是原初的文化表现形式，亦是不断的文化创生力量。体育运动从远古时期人类游戏本性的自然体现，发展为如今高度制度化的游戏，其本身就是文化的一种非物质表现形式，包括各个运动项目的规则、技术、战术，及其产生的背景、故事、人物，而从古至今的发展过程更是拓展了运动文化的广度与深度，不仅包括运动项目本身技术规则的演变，还涉及到世界各国历史、政治、经济、科技等领域的发展，如此这些构成了丰富的运动文化世界，且这个"世界"并非"静态"的，而是动态发展的，在不断被人们游戏的过程中持续创造着新的文化。

因此在提出游戏理论时，运动教育模式认为一个人如果不掌握手球世界的规则、策略、习惯和礼节，就不可能成为一名手球运动员。经过思想的沉淀和实践的积累，运动教育模式的一个远大目标是促进社会发展"健全的、理性的、人道的"体育文化。这一点十分重要，可以说，它是运动教育模式其他实践特征和实践方法的原因，贯穿了运动教育模式建立的始终，但同时这也是在理解和实施运动教育模式中，最容易被我国实践者忽视的一点。

（1）真实的运动体验。在运动教育模式中，运动技术的传授只是一个部分，在作为运动员去学习和应用技术之外，还有一个很重要的部分，是其他运动角色的体验，以及运动竞赛规则、战术、礼节、历史文化与运动名人的了解和学习。

通过营造一个真实的运动竞赛情境，每个学生都在这一赛事中扮演某一角色，不仅以参赛运动员的角度去体验运动，更能从裁判员、教练员、啦啦队、经理人的视角去感受竞赛活动，如此带来的运动体验才是立体的、真实的、完整的，领略到的是更加丰富多彩的运动文化。

（2）喜庆的节日氛围。运动竞赛作为一种古老的游戏活动形式，本身就与节日密不可分，奥运会、世界杯或超级碗等体育大赛至今仍保留着这一特点。运动教育也尽力将体育营造出一种欢庆的节日氛围，这是运动教育模式最主要的特征之一，也是最具魅力的一个部分，它使运动体验变得更有意义。

在运动教育模式中，学生被分为各个联盟团队，并要为自己的联盟设计名称、图腾、旗帜、服饰等，并在比赛前和颁奖仪式上进行展示。在运动季的后期设计一个高潮赛事，例如不同级别的冠军赛、班级比赛等，最重要的，是在运动季的最后一天举办庆祝仪式，进行颁奖，庆祝进步、努力和公平竞争，同时展示各自的联盟文化。教师和学生在整个运动季都拍摄了视频片段，在颁奖典礼上播放展示，在结束后带回家与家人分享。所有这些都为整个运动季渲染了节日的快乐氛围。学生们在这个过程中，既学习、交流文化，亦创造、传播文化，而正是这些丰富的文化才带来运动的意义。

二、运动教育模式的时代价值

运动教育模式，是流行于当代欧美发达国家的一种体育课程教学模式，它以运动教育理论、团队学习理论、社会化理论等理论为基础，采用真实情境的教学比赛、运动季教学、复杂情境教学，旨在使学生成为有运动能力、运动素养和运动热情的运动者。运动教育模式是对多种理论基础的融合和统整，包含了运动教育理论、团队学习理论、人的社会化理论、符号学理论等理论的融合。该模式自 2003 年引入国内后，其独特的教学理念、教学结构框架引起了我国体育教育领域学者的极大关注和一线教师的尝试运用，取得了一些研究成果，并在体育课堂中获得了良好的教学效果。

（一）实现体育学科核心素养的落地

伴随着新一轮以"核心素养"为标志的基础教育课程改革的不断推进，构建与核心素养相适洽的课程体系，已成为基础教育课程研究领域的核心议题。发展核心素养是综合运用知识技能解决现实课题所必需的思考力、判断力与表达力及人格品性，这需要我们构建一种适合学生整体、多元发展的课程模式，要求我们对课程进行多元化、全方位的统整。运动教育模式可以有效培育学生的体育学科素养，主要体现在以下两个方面：

运动教育模式是对运动知识学习与实际应用能力培养进行的统整。"核心素养"意味着"知识本位"向"素养本位"的教育转型，要求现代人不仅具备牢固的知识体系，更要具备知识应用的能力。传统体育课程以传授运动技术为主，学生只是被动接受知识，自主学习动机较差，主要是某个知识点和认知环节的增长。核心素养不是直接由教师教出来的，而是在问题情境中借助问题解决的实践培育起来的，学生只有在真实情境中体现出来的能力才是真实的能力，因此应该将运动技能学习贯穿到真实情境的竞赛当中，才能真正地理解和掌握某项运动。

运动教育模式以运动季为单元，以真实而富有教育意义的情境—比赛为主线，采用直接指导、伙伴学习、合作学习等教学方法，通过学生角色分工、任务卡、过程评价、团队激励、庆祝仪式等多种手段激发学生的参与热情，使之体验成功，提高自信心和自我效能感，获得真实而教育意义深刻的运动体验，实现运动知识学习与实际应用能力培养的统整。

（二）促进学生掌握结构化体育知识

结构是事物之间的联系，表现为组织形式和构成秩序，并且整体功能大于各要素功能之和。结构化知识不应是各知识点的简单排列和堆积，而是一个有良好的结构的体系。以结构化的知识、系统的观点来设计课程，这样的课程是一种有机整体的形式，使学校教育教学系统中分化了的各要素及其各成分之间形成有机联系的课程形态。

此外，结构化知识还应体现在学科教学内容的模块化，便于学生更加系统地学习。各模块之间的关系有两种：一是平行关系，例如课程标准中的体能、健康教育、运动技能系列三者之间就是平行关系；二是递进关系，例如课程标准中某个运动项目的模块之间的关系。

运动教育模式有益于结构化知识的构建，体现在多个方面，具体如下：

第一，从教学过程结构上将整个运动季（即教学单元）分为课堂常规建立期、练习期、季前赛期、正式比赛期和有最终比赛的季后赛期。

第二，从教学内容的模块化方面体现了学习渐进性，例如：比赛要从 1 对 1 的简单比赛开始，经过 2 对 2、3 对 3、4 对 4 的小型非正式比赛，逐步过渡到正式比赛。

第三，教师在单元学习开始时就让学生了解课程特点、课程结构、教学单元计划、评价方法、课堂常规等内容，使学生从全局了解学习过程的结构。

因此，运动教育模式通过结构化的知识构建了教学内容之间的联系与逻辑关系，让教学内容通过关联产生不断的分化、重组、整合、改造和转换，从而形成"真实的、有教育意义的运动体验"，使学生"会知识会应用"和"有知识而且有能力"

（三）实现复杂情景下的体育教学

复杂情境下的体育教学，就是要在体育教学过程中创设复杂的问题情境，将各个知识点、知识结构和知识的内在联系有意识地引入到这种复杂的情境，使学生在复杂的运动情境下通过参与运动、体验竞赛而掌握知识、理解运动文化，从而促进学生达成核心素养。为培养学生的学科核心素养，必须创设复杂的运动情境，引导学生在每堂课学练多个技术、组合技术和战术，并积极参与比赛。

运动教育模式的特点之一就是特别重视复杂情境的教学，教师将教学内容精心设计到教学过程、比赛场景以及教学评价中。例如针对足球 2 过 1 战术的学习，教师会设置针对 2 过 1 技术的游戏。

此外，除了运动技术方面的复杂情境学习，运动教育模式还在课堂教学中设置角色扮演（学生轮换担任运动员、裁判员、记录员、领操员等多种角色）、合作学习、过程评价、庆祝活动、礼节礼仪等环节，也是一种复杂情境下的学习。因此，运动教育模式为体育教学在复杂情景下的开展提供了参考。

第二节　高校体育教学中运动教育模式的引入

我国传统的体育教育模式在激发学生学习潜力和开发学习能力、因势利导发展学生的优势和兴趣爱好方面存在不足。就高校体育专业教学模式来说，对传统教学进行改革已势在必行。

"运动教育模式已成为西方发达国家主要的体育教学模式之一。"① 经过多年的改进与完善，已形成一套成熟的、与高校教学相适应的理论体系，并被越来越多的高校体育教育所接受。在体育教学中运动教育模式对挖掘学生潜力、激发学习热情、提升运动兴趣以及培养学生人文素质等方面都有良好的效果。

运动教育模式的基本理念同我国高校体育的新型思想切合性较高，该模式提倡通过学习中的各种角色扮演，承担更多的职责，在不同的定位中找寻新的思想。同时能让学生在真实的运动场景中丰富自身体验，从而培养出在不同定位中解决问题的能力和变通意识，更好地挖掘学生的创新意识，推动学生的全面发展。所以尽快结合高校教学实际，引进运动教学模式，将会是对高校体育教学的有效补充。

一、运动教育模式与传统教学模式的比较

（一）运动教育模式分析

1. 运动教育模式的优势

（1）理论体系较为完善。运动教育模式是一种系统化的教学过程，将运动教学元素看作一个完整的教学模块，使之组成元素之间可以相互作用。在教学过程中，要确定学生的主体地位，教师辅导作用，学生和老师共同承担学习任务，从而在轻松的学习气氛中提升学生的学习能力和深刻掌握学习内容。

（2）教学目标的多元性。运动教学模式的目标是使学生能够具备正确的运动技能、积极的运动热情以及良好的运动习惯，基于这些原因，为了更好地实现目标，运动教育模式提出了一些具体多元的建议，也就是运动模式中的多个教学目标，从而全面对学生的身心健康和素质进行培养，这就是典型的多元化教学模式。

（3）教学过程注重互动。运动教育模式在教学初期，要对学生进行分组学习，固定的小组，要持续到一个学习阶段的结束，因为在这样的学习阶段中，小组内的成员能够更好地沟通合作，也能够促使不同小组间的沟通合作，老师在需要的时候对学生的学习情况及时予以建议或纠错，从而营造出良好的学习氛围。

2. 运动教育模式的劣势

（1）健康知识与运动损伤内容教学不足。高校体育教育的一个基本功能就是健身功能，这也是高校体育教育的重要特点。通过体育教学能够使学生增强身体素质，培养健身意识，并能够熟练掌握体育保健与体育损伤的相关知识，从而学会科学的锻炼方法以及运

---

①林天皇. 运动教育模式理论评析 [J]. 体育研究与教育，2015，30（3）：65.

动损伤的治疗方法。但是，在运动教学模式中更强调学生的学习兴趣、态度以及沟通协作的能力培养，对学生的运动知识普及以及健康知识的内容并没有引起很高的重视。

（2）专项技能掌握欠佳。运动教学模式能够使学生对知识进行系统而全面的把握，但由于不同角色的定位，计划制定以及探讨比赛策略会浪费较多时间，从而导致了进行专项运动的时间压缩，削弱了技能的锻炼效果，所以，进行运动教学学习的学生可能会出现运动技能掌握不够的情况。

（3）适用项目局限较大。运动教学模式对于理论知识强调更多且注重普遍性和实用性，同时提倡学生进行自主以及合作能力。所以对于一些难度较高且危险性较大的运动项目，对场地设施、器材准备复杂的不易于在室外进行大规模训练的项目，则不适合在运动教学模式中介入。

3. 运动教育模式的实施现状

（1）研究较晚且模式单一。运动教学模式在 20 世纪由体育教育学者西登普托提出，经过几十年的发展，已形成了较为完整成熟的理论方法，同时在西方的许多发达国家高校中应用。

（2）传统观念根深蒂固。在学校体育教育的发展史中，体育教育主要的教育方法就是传统教学，且这种教育模式普遍存在于我国高校的体育专业教学中。这种技能训练不太注重理论性学习及人文素质的培养。所以，在未来的教育中需要教育工作者们在传统的教学模式上进行大胆的创新和改进，打破传统观念，不断地输入新内容，及时关注世界体育教育的前沿理论和先进的教学成果，通过采用先进的教学理念和高效的教学方式，促进高校体育教育改革的推进。

（3）教学设施比较陈旧。我国高校教育器材以及训练设施在总体上已经有了较好的改进与完善，但是还是存在体育训练设施陈旧、不足和健身设施破损太严重现象。这些都严重影响了高校体育教学的质量。

（二）传统教学模式分析

1. 传统教学模式的优势

（1）能够熟练掌握专项运动技能。我国高校传统教学模式对于运动技能的教授更为偏重。全面注重传授运动技能可能会产生教学上的重心失位。在一定的时期，这种教学模式发挥了重大作用，让体育专业学生进行专项技能的训练更为事半功倍，能更好地掌握技能要点。

（2）能够更好地传承文化和积累经验。高校的传统教学模式在不断的发展和实践中积累了丰富经验，而其中优秀的教学方法将会为传统教学模式的改革提供更好的发展理念。在不断变革中形成的体育运动学习氛围、教学规章制度和体育文化也能为体育专项的教育奠定重要的文化基础。这种的教学经验的总结以及教学文化的积累，在不断延续中成为高校体育教育的里程碑，更赋予了体育教育模式的标志。

（3）教学对象具备综合优势。体育专业的学生在传统教学模式的学习中，能较好地接受新课程所教授的学习内容，能以饱满的热情进行较多的体育练习与技能巩固，具有良好的可塑性；学生在学习中能形成努力进取积极乐观的心态；在身体素质增强和身体形态的塑造方面有明显优势。

2. 传统教学模式的劣势

（1）理论教学不够充足。高校体育专业传统教学模式更偏重对运动技能的掌握，教师的教学也偏重运动技能，导致对理论学习的轻视以及对人文素养的忽略。在如今不断革新的运动教学中，这样的教学模式已不能适应现行体育教学要求，在很大程度上造成了教育的不全面不精准。

（2）教学目标较为单一。树立正确的教学目标在教学中起到了指引作用，对学生的学习有重要引导。我国高校传统教学模式的主要教学目标是锻炼学生的身体、强化其精神、保持身体健康以及使其能够熟练掌握运动技能。在实践中发现，这样的目标看似复杂多样，但其实可以归纳为仅仅是对学生的身体进行锻炼。这样的教学目标忽视了对学生情感补充、文化素质的提升以及社会适应能力的提高，采取的教学手段往往不能对学生的学习起到全面的引导作用。

（3）教学互动不足。传统教学模式在实践中，确立了教师教学的主体地位，教学进度与所授内容全都由教师掌握，不受学生影响。在这种模式中，师生间、学生间缺乏良好的沟通，学习氛围较为压抑，不够活泼，课堂活动较少，导致了教学效果不佳。

3. 传统教学模式的应用现状

尽管近年来高校体育教育的改革进行得如火如荼，但是由于多年的"应试教育"模式的影响，这种长期形成的观念不能够在短期改变，新的指导思想不能很好地在教学活动中融入各个环节，还有很多高校依旧进行着"应试教育"模式。教学计划和教学进程僵化、循规蹈矩，仅仅简单地对学习方法进行介绍，简单地教授几组体育动作后即让学生自由活动，虽确保了学生的身体安全，却基本达不到体育锻炼的目的。这种"应试教育"模式已深深影响到了新时期体育教育模式的改革和开展。

新型教育模式不断冲击着现有的教育模式。随着高校体育教育改革的进一步深入，体育教育工作者制定的指导思想以及教学目标也在发生改变，新型的、现代化的教育模式应运而生。例如出现的许多新的教学模式：体验式教学、互动式教学、角色互换式教学以及技能创新式教学等。这些新的体育教育模式的发展对传统的体育教育模式产生了较为强烈的冲击。

二、引入运动教育模式的必要性与可行性

（一）必要性

运动教育模式的特点是在教学实践中更好地把教学目标融入教学中去。在课程学习中，学生不仅是被动的学习者，还是组织中不可或缺的角色，通过相互之间的配合，相互之间进行学习交流以及创意分享，从而共同完成学习任务。教师在这个阶段的主要工作就是为学生进行必要的引导和对错误示范进行纠正，充当辅助教练员的角色。而传统的体育模式教学目标主要是注重学生的运动能力、身心健康以及运动参与方面，教师在教学中最难对运动参与社会适应进行把控，这就需要我们在教学中进行多元化的改革。

（二）可行性

高校体育教育中运动能力培养和理论知识的掌握是同等重要的，养成良好的运动习惯能够促进学生加强身体素质练习、激发工作活力和养成良好的心理素质。因此，在实际的教学过程中，教师要重视学生对运动的积极参与并为其创造生动的运动环境，从而使学生在体育运动中享受到快乐并获得一定的运动技能。而这样的教学效果，正是运动教育模式所倡导的教学理念。运动教育模式注重在实际教学中为不同特点的学生匹配符合自身的教学内容，让每个人都参与到体育运动中来。学生通过扮演不同角色，体会到不同角色所承担的价值与责任，让学生充分体验到运动的快乐以提升自身的运动水平，并在不断的磨合中养成运动习惯。

三、高校体育引入运动教育模式的注意事项

（一）重视建立课堂规定

运动教学模式在开展初期，就要为以后教学中更好地把控教学质量，建立起良好的课堂学习氛围和形成良好的课堂学习氛围做好准备。课堂内容包括对每个同学的个人情况进行全面了解；向学生介绍运动教育模式的特点，使大家了解到运动教学模式的教学优势；进行问卷调查，收集好教学分组所必需的数据。在这个阶段的主要目标就是通过向学生介绍运动教育模式的游戏性、竞争性以及自主性的特点，以在学习前调动学生的运动兴趣与

学习积极性，用最饱满的热情参与到学习中去，从而营造出一种积极向上的教学氛围，为新的学期周期做好铺垫。

（二）科学划分学时比例

在运动教学的实践中，可以把一个教学周期作为一个教学阶段，针对不同运动技能的特点进行课程的合理分配，不同教学阶段有不同的内容比例。而其中有以下两点要强调：

首先，运动教育的学时设计不都是一成不变的。

其次，要结合不同运动项目的特点，进行教学比例的量的划分。相对动作复杂、运动量较大的专项运动，要进行教学练习时间的演练，进行较多的学时划分，让运动竞赛阶段能够在充足的学习时间中得到技能的提高和战术演练运用。

（三）合理掌控教学竞争强度

因为在运动竞赛阶段不易对激励程度进行把控，所以要根据学生的年龄、身体特点以及心理状况制定具体的教学计划。如果计划不合理，就会对学生参与的积极性产生较大影响，打击学生的运动信心。严重者可能会出现对学习的抵触行为。所以在实际的运动教学实践中，必须要正确认识运动竞赛的设计及其意义。

（四）合理选择适用项目

运动教学模式需要在理论上具备广泛的普遍性，使运动教学模式能够普遍对学生进行学习的培养。例如一些运动能力要求较高、危险度较大的项目和极限运动（跳水、攀岩），相对于独立性的个人项目（跳绳、武术表演）以及一些对训练场地要求较高的项目（射击、保龄球）是不适合进行普遍的课外教学的。运动教学模式不提倡这些项目。相对于这些特殊的体育项目，需要专业性较强以及运动经验比较丰富的教师进行专门的指导。

第三节　高校体育教学中运动教育模式的发展

一、运动教育模式对我国体育教学的启示

（一）有助于全面提升学生的运动文化素养

运动教育是一种经过教师实践的模式，赢得了教师和学生的支持。与大多数传统体育

教学相比，运动教育模式的目标更多元化。它旨在教育学生成为最完整意义上的球员，并帮助他们成为有能力，有文化，热情的运动员。其中有文化的运动员更能理解并重视体育的规则，仪式和传统，并区分好的和坏的运动实践，无论是儿童运动还是职业运动，无论是粉丝还是旁观者，有文化的运动员都是更有能力的参与者和更有眼光的消费者。有热情的运动员能积极参与参与、保护和增强体育文化的行事方式，无论是当地的青年体育文化还是国家体育文化。作为体育团体的成员，这些爱好者参与进一步发展地方，国家或国际层面的体育运动。

开展运动教育在促进学生个人成长方面特别成功。运动教育让学生有责任感，他们在这些角色中的成功对于团队和运动赛季的成功非常重要。在运动教育中，学生逐渐承担起更多的责任，学生们有望为他们的团队和班级内的决策作出贡献。使用该模型的教师的报告最好地描述了运动教育的主要直接好处。学生的热情越来越高。学生自愿花时间进行额外的练习和指导。学生变得更有责任感，因为他们教师开始与他们建立超越合规的关系。非常规学生和低技能学生成为活跃且有价值的团队成员，并且通常比传统教学模式受益更多。若我国体育教学可以开展运动教育，将有助于全面提升学生们的运动文化素养。

运动教育可以增加体育教育作为学校学科的影响，将其从现在经常占据的边缘地位转移到学校课程中更加重要的中心位置/运动教育展示了如何实施真正的"全民运动"道德规范，并教育学生，使他们不仅是知识渊博的游戏玩家，而且还是更大体育文化中良好运动实践的坚定拥护者。

首先，广泛开展运动教育模式，有助于强化社会适应能力的发展与目标的实现。

其次，在由于运动教育模式运用了大单元教学，因此在体育教学中有富足的教学学时让学生体验运动团队的组建、能力的培养与发展、角色任务的分配与实现等。

最后，在运动教育中，学生还能逐渐承担起更多的责任，学生们有望为他们的团队和班级内的决策作出贡献，学生变得更有责任感，学生之间的关系更好了、师生关系也更和谐了，非常规学生和低技能学生也能成为活跃且有价值的团队成员，并且通常比传统教学模式受益更多。这对于全面提升学生们的运动文化素养具有重要的意义与价值。

（二）有助于避免体育教学的低水平重复

运动教育采用"运动季"教学模式，这种模式教学单元大，持续时间长，有以下两个原因：

首先，一个项目的学习除了运动技能外，还有更多需要学习和完成的事情，才能使这项体育运动的教学更加完整，才能让学生更全面深入地了解此项运动。

其次，考虑到学生的背景和发展能力，学生需要更多时间学习成为有能力的运动者，以便在将来的比赛中有适当的水平去承受比赛和较量。在运动教育中，学生很快成为团队成员，并在整个赛季中保持这种联系。团队成员允许角色区分和相对于团队的个人责任，这反过来又创造了自我增长的潜力。

运动教育的教学单元是一个完整的运动季，把运动项目的学习看作为一个整体，并划分为数个阶段，从而构成了一个时间相对较长的大单元，这种大单元教学能帮助学生全面了解和掌握一项运动技能及其相关知识，有助于避免教学低水平重复。其中单元初期主要致力于练习基本技能和策略，这个阶段涉及大量教学，许多练习可以由教师指导，在许多方面类似于有效的体育教育者使用更传统形式的方法。如果确定了具体目标，则应更认真地对待实践课程并提高效率。

随着课程的进行，练习应该更加具体到个人和团队的优势和劣势。在单元中期，学生应该了解裁判员的违规行为，他们如何在不过度干扰的情况下保持比赛顺利进行。学生应该学习如何观看作为记分员和统计学家的比赛，收集什么样的表现数据，以及如何收集和总结比赛。如果涉及到评判，应该教授学生，并且应该讨论这项运动的形式和风格。在这里，教师发挥着重要作用。在单元后期的比赛期间，他们应该查看个人和团队的表现并做笔记。这些笔记可以转化为练习目标，与团队教练讨论或指导团队教练，团队教练反过来使用它们来确定下一个团队实践的重点。

以上各个时期均围绕某个运动项目展开，并以竞赛的方式进行教学与比赛，这种大单元教学模式具备了充足的学时，有助于促进学生运动技能的学习与掌握，特别是在了解某个运动项目、学习运动技术、掌握运动技能、运用运动技能等方面均有充足学习时间。因此，广泛开展运动教育模式将有助于解决体育教学的低水平重复现象。

（三）有助于丰富学生的运动体验

运动教育思想关注学生在学习过程中的参与程度和运动体验，主张学生全员参与学习和比赛过程，力求达到全员教育。整个运动赛季，每个团队的学生要学习多个角色，并承担不同的角色任务。从运动教育模式中可以借鉴出许多简单的角色设置。

目前我国体育教学过程中大部分教师只注重运动技能的简单教授，单向性地灌输式教学，比较疏忽于对学生的运动体验的关注，以至于学生喜欢体育但不喜欢上体育课。运动教育模式给予了学生更大的运动空间、更多的团队运动体验，这对于提高学生的运动乐趣、激发学生的运动兴趣具有重要的作用。

首先，运动教育模式有助于学生担任"队长"运动体验。例如，假设学生之前有足球经验，并且允许学生在决策和足球赛季的实施中承担更多责任。教师选择组成合作单位的团队，并尽可能地匹配技能，这应该基于学生足球技能的先前知识，他们对比赛的经验，以及他们的合作和领导能力。如果不了解学生的足球技巧，那么可以通过围绕障碍物的定时足球运球测试获得必要的信息。根据班级规模，应选择两个或三个团队。每支队伍的学生选择每队两名队长。在这个基本模型中，队长是学生的主要角色。队长在每节课开始时报告出勤率和适当的着装。他们带领热身，管理装备，投入阵容，在指定的场地或球场上组织球员，并组织他们的球队进行中午休息练习或比赛。队长要设置的职责包括：在开始工作之前，确保所有团队成员都有合作伙伴或团队合作；以积极的方式帮助团队成员；确保设备安全，正确地安装和使用；及时向教师报告任何公然违反规则或不安全情况的行为；按时完成所有阵容等。

其次，运动教育模式有助于学生担任"裁判员"运动体验。每个学生还学会在比赛期间裁判足球比赛并保持比分和统计数据。可以保留简单的统计数据，例如射门得分和进球数。随着孩子获得经验，可以保留更多统计数据，例如抢断，扑救和助攻。学生还可以留出时间进行游戏，给出开始和停止信号。

最后，运动教育模式有助于学生担任"得分手""计时器""啦啦队"等运动体验。例如在网球项目中，可以选举一个体育委员会，负责整个赛季组织和控制赛事。体育委员会通常是一个由4至6名学生组成的小组（男生和女生人数相等），经过简短的讨论，讨论了角色所包含的内容以及最适合的学生类型。团队选择可以由体育委员会完成，也可以由同学选出的一组学生选择者完成。一旦团队成立，团队业务的第一项就是选择一名教练，一名队长和一名经理，每个人都有重要的职责。值班团队负责在课前和课后组织游戏设备，确保所有团队都在正确的比赛场地，按时开始和停止比赛，收集和记录比赛结果，为所有比赛提供裁判，提供记分员和计时员，并向运动委员会报告任何问题。在循环赛的每一天，不同的团队都有责任。这样一来，学生们担任了表演者，裁判员，队长，教练，经理，记分员，公关人员等。每个团队的负责职位都非常重要，因为在整个运动赛季中担任影响团队整体福利的责任职位会让学生认真对待自己的职责。

不同的运动项目教师根据学校和学生的实际情况很容易探索出良多角色设置，从而为学生的整体学习提供良好环境，同时让全体学生都能参与进体育学习当中，学生的运动激情和学习兴趣也定会大大提高。通过"多角色体验"，有助于丰富学生的运动体验，这些体验对于学生的运动成长具有重要的价值。

（四）利用运动竞赛杠杆作用，提高教学效果

运动教育模式在整个教学过程中以比赛为主线，利用"比赛"的杠杆作用，大大提升了传统教学模式达不到的教学效果。在体育教学实践中，开展适当的运动竞赛，可以激发学生的学习兴趣。在运动教育模式中，合作竞争使学生凝聚成一体，不仅培养合作精神，

教学效果更是显而易见。这种教育方式可以帮助所有儿童和青少年学会重视公平竞赛，尊重官员，尊重对手，并欣赏平等竞争、精心打造的游戏之美。通过比赛这个杠杆作用，使学生更多地学习到技能和运动项目背后的整体文化、运动礼仪等，大大提升了教学效果。

反观体育教学实践，由于受传统教学方式的影响，体育教师基本满足于运动技术的精细化教学，加之学生学习的内容较多、学时较少，学生基本没有时间进行运动竞赛，这种教学方式极大地降低了教学实践的作用，学生的学习也只能停留于表面，无法进入深化的学习并通过运动竞赛提升运动技能。而运动教育模式是以比赛作为教学主线的，该模式紧密围绕"运动竞赛"而展开，因此具有很强的实践价值，这对于强化学生的竞赛意识、提升体育教学效果、加强体育教学的实践性具有重要意义。

当然，在体育教学运用竞赛方法过程中会涉及一些细节问题。如可能涉及一个教学班学生如何分组及如何组建比赛团队的问题，运动教育模式理论对这一方面作出的论述，具有较强的科学性和可行性。一方面，强调比赛分组采用的是异质分组，确保势均力敌，方式可采用教师主导或学生自愿的方式进行分组。但更为合理的是两者相结合：即由教师根据学生的技战术水平分为几个等级，然后再按学生的意愿根据每个等级各占几人的要求组建团队。另一方面，团队联盟小组一旦形成，在教学中始终都维持不变，这又是运动教育模式理论突出和强调的。伙伴学习和合作学习方式都是基于团队联盟小组内完成的。固定团队联盟小组是比赛的参赛单位，又是教学练习的基本单位。教学过程中的技战术练习、裁判技能练习、比赛模拟练习等的人员分工和角色的扮演均是在固定的团队联盟小组内进行。

（五）运用问责机制，提高教学评价反馈成效

运动教育中每个角色需要明确定义，而无论使用什么角色都应该包含在问责制中。您不能指望学生将自己应用于角色，除非它对团队及其个人评估有重要意义。当对角色表现有明确的描述和期望时，最容易学习角色。实现这一目标的一种方法是开发一本小册子，解释每个角色的职责，并准确描述需要完成的任务以及何时需要完成的任务。这种小册子应该发给学生，并在季节结束时恢复良好状态（教师已经成功地将小册子作为账户能力系统的一部分归还）。

运动教育模式中最常见的问责形式是赛季末冠军和奖项的整体积分系统。教师在这一点上确定了他们要求学生负责的所有因素。团队不仅通过赢得比赛，还通过测试，做额外的练习，适当的热身，公平的比赛，上传小册子，完成宣传任务等来赢得积分。从这个整体积分系统中，可以获得大量的个人和团队奖励。积分系统也决定了本赛季的总冠军。目前我国体育教学并没有一套完善的教学评价体系，教师们通常只是简单地根据目所能及的

学生的出勤率、服装规范度、上课积极性和期末检测等作出一个主观上的评价。这种评价方式已跟不上体育教学改革的步伐。

我国体育教学有效借鉴运用"问责机制"，将提高教学评价反馈成效。

首先，通过"问责"，了解学生的学习过程。运动教育的一个主要特点是学生保留以各种方式使用的绩效记录：①向个人和团体提供绩效反馈；②宣传和庆祝团队和个人的改进和成就；③建立定义学校运动传统的地方标准；④帮助教师进行评估。当学生扮演记录管理员（在其他地方称之为统计学家）的角色时，他们必须学会专注于表现并准确地区分相对于需要保存的记录的表现。例如，在篮球比赛中，记录员会学习如何判断助攻，篮板和抢断，以及尝试和制造的投篮。在体操或健美操比赛中，学生可以学习如何使用数字评级系统来判断表现。这是学生了解这项运动的重要方式。与所有其他角色一样，年轻或新手学生应该简单地开始；他们应该逐渐变得更加精密，他们保留的记录种类和数量。运动教育的这一特点要求教师创建易于使用的表格供学生在比赛期间使用。教师还需要确保学生的纪录保持可靠。

其次，通过"问责"，发现学生的学习过失。运动教育模式下通过对学生的职责进行详细分工和记录，将所有学生在体育课程中的学习过程记录下来，反映出学生在整个学习过程中出现了哪些问题，帮助学生自查。

再次，通过"问责"，明确教师的责任。由于这是体育教育的一个主要特征，因此在记录保存方面，学生表现的一些衡量标准应该是整个问责制度的一部分。让两名学生独立记录相同的表现数据，可以比较两个记录以确保记录的可靠性，通过大量简单的小问题和积分制度，让学生自评与互评，将整个教学过程中的点点滴滴记录下来，不仅方便教师做最终的评估，也能不失公平公正，激发学生们的上课积极性。

最后，通过"问责"，提供有价值的教学反馈信息。"问责机制"下的运动教育模式为体育教学提供了非常全面详尽的课堂教学成效记录，通过对各个角色的"问责"，将反馈众多有价值的信息。

二、运动教育模式在我国的发展路径探索

运动教育模式自2004年引入我国并进行本土化研究以来，在各级大、中、小学及十多个体育项目上形成了丰富的实验研究，取得了良好的教学效果，并发表了一系列的研究成果。随着以"核心素养"为标志的新一轮的教育课程改革的不断推进，运动教育模式的理念将在新时代背景下有效地运用推广与发展。

（一）通过"体育课程标准"引入运动教育模式

深化学校体育改革，应着力发展核心素养，培养学生的社会责任感、创新精神、实践能

力，形成正确的价值观，并具备解决问题的必备品格和关键能力。运动教育模式建构的逻辑与国家政策提倡的课程改革理念及其要求高度契合，而且在实证研究上也得到了支持。鉴于此，通过运动教育模式融入体育课程标准当中，以"核心素养"为目的提高运动教育模式的标准化程度，为运动教育模式的有效落地提供制度基础。提倡在新课标的框架结构下，将运动教育渗透到国家基础教育改革当中，将教材和教学参考书中融入运动教育模式，使体育课程更加立体、丰满，更具有开放性、选择性、公平性、实效性，发挥育人价值优势。

需要对体育标准教材进行运动教育模式理念与方法的融入，适时修订《体育与健康》课程标准，在课程标准中重构学校体育教学目标。通过长时间的运动技战术教学，以学生充分掌握运动技能并拥有欣赏竞赛的能力；通过游戏式教学，以学生主动式参与体育活动，自我锻炼意识提升为教学目标；通过角色扮演与任务分担，以学生体验自身价值、社会适应力提升为教学目标；通过竞赛式教学，以学生的体育道德培育为主要教学目标。运动教育模式在不同时间段有差异化的教学目标，多个目标相互依托，课程标准等政策对体育教学目标的界定必须具有一定的整体性，实现学生身体、心理、社会以及终身体育意识和终身体育能力的目标。

在课程标准中制定标准化的体育教学程序。根据运动教育模式并结合国内体育课程的现实，将教学分为季前期、季中期以及决赛期。季前期主要是准备性的工作，比如学生角色赋予、技术理论的学习，季中期是技战术的局部应用，决赛期是模拟正规的竞技比赛。规定体育教学的必备教学条件，包括体育教师能力、学生、场地器材以及时间保障。

完善体育教学的评价体系，基于《全国普通高等学校体育课程与教学指导纲要》提出的学生学习评价思想，结合运动教育模式的思路，通过对学生的技能、态度、合作等方面进行评价，并采用诊断性评价、过程性评价和终结性评价等多种方法。

（二）统筹课程安排，部署运动教育模式教学实践

在国家政策的引导和监督下，推进运动教育模式在学校体育课程中的实施需要落实到体育教学一线。具体来看主要体现如下：

第一，对学校体育课程进行统整，创设符合运动教育模式课程特征的体育教学单元。运动教育的显著特点是超大单元教学，但是传统的体育课单元长度较小，导致教学内容难以深入。只有在整合全校课程资源的前提下，才能实现符合大单元或超大单元的运动教育模式课程。

第二，在体育课堂中强调结构化知识的学习。针对传统的体育教学过于强调三基，不关注情感、态度、知识体系的建构过于单一等局限性，在学校实施运动教育模式时可以运用的方法包括：①使知识模块化，对不同水平的学生提供与发展相适应的知识模块；②应

用有利于学生之间的沟通交流、合作探索的团队学习方式；③应用多种角色扮演；④应用记录和公的方式或方法，公示团队或个人的课堂表现，实现评价、反馈和激励的效果；⑤营造仪式和庆典气氛，提升运动文化氛围和运动项目的感染力。

第三，推行运动季在体育教学中的运用。以阶段性的运动季要比过去以学期、单元的划分依据要长，学生能有更多的时间了解一项运动，学生在整个运动季中根据技能水平被分为不同的团队，一般采取根据运动水平异质分组、学生自荐分组等方式，努力让学生适应团队合作的氛围，以培育学生追求胜利的竞技精神。

第四，适当简化适宜在学校开展的竞技运动项目。竞技运动项目是运动教育模式的核心要义，但大多数运动项目的难度较高、规则比较繁琐、设施要求高，绝大多数学生的运动能力难以达到竞技运动水平，这就造成学生可能因为畏难而放弃参与竞技运动。而运动教育模式则正是通过减小竞技运动项目的难度、减少所需设施、简化竞赛规则，让学生参与竞技运动更有积极性。例如，可以增加比赛得分、减少比赛时间，多让同学们尝试练习，从简至繁地为学生提供竞技运动训练。竞技运动的简化不能停留在口头，而应通过体育教材的方式落实到实处。体育课程教材不能全盘照搬竞技运动的内容，而应适当删减难度较大内容，使之更加符合育人的内涵。学校体育教学内容的立足点仍然以竞技运动项目为主，从方法、组织、规则、设施等方面入手对传统竞技运动项目进行修订，使竞技运动项目更加适应体育教学的需要，更加符合教育的规律。

第五，促进学生的运动文化培育。运动教育模式强调体育老师与学生的共同参与，共同庆祝比赛的胜利，尤其是在一个运动季结束后，是对整个运动季学习、教学、比赛效果的总结，可以采用宣誓、颁奖典礼、晚会、摄影记录等方式。这样一来，运动教育模式所提出的竞技运动以文化氛围提升的方式，融入参与学生、教师的体育意识与思想中。

（三）通过逐层渗透，强化运动教育模式环境

1. 强化教师培训

体育教师是体育教学的实施者、引导者与监督者，运动教育模式与传统的授课式体育教学模式有所不同，对体育教师的运动技能水平、运动知识能力、传授知识能力都要求更高，因此在体育课程中实行运动教育模式更需要体育教师的有效驾驭。在推进运动教育模式的过程中，最重要的影响因素是教师的素质，要加强对教师的培训。

（1）教师必须对运动项目有较为深刻的理解，即对于基本技术和战术、比赛规则、实战、运动文化有较为系统和全面的掌握。

（2）教师必须了解运动教育模式，能够使用运动教育模式进行教学设计。

（3）教师必须具有先进的教育理念，运动教育模式区别于传统的体育教学理论，它涉及游戏教育理论、运动教育理论、团队学习理论、人的社会化理论、符号学理论等诸多理论。

（4）在设计和执行运动教育模式时，教师需要投入较多的时间和精力，对教师的工作要进行激励和引导。

因此，推广运动教育模式必须对教师加强以上四个方面的培训，以提高教师的自身综合素质和对实际应用方法的掌握，才能促使运动教育模式在课程整合、结构化知识和复杂情境教学方面与核心素养的培养保持适洽。

2. 课外力量支持

运动教育模式在体育教学中的应用，离不开课堂外的力量支持。

（1）探索运用运动教育模式的信息化教学技术，可以利用大数据技术和体育信息平台，对学生身体素质、运动技能水平进行评价并进行分组，为运动队的分组提供依据，还可持续跟踪学生身体与运动水平，以促进学生运动技能的提高。并且，还可在此平台中纳入运动干预系统，着重提高身体机能较差学生的身体素质与技能。

（2）有条件的学校可以聘用校外专业运动队内教学水平高、经验丰富的教练员、运动员定期或长期为学校体育课讲授专业知识。

（3）委托企业或其他社会组织开发建立基于信息技术的运动资源信息平台，开展远程教育，发布竞赛信息，延伸课堂教学的成果，落实课程改革提出的发展核心素养、立德树人的总目标。

（四）教学实践中推动运动教育模式理论扩展

运动教育模式已在各类各级学校体育教学实践中逐步开展，但是运动教育模式的运用大多是移植国外教学经验，与国内实际体育教学实际结合较少，不同项目间对运动教育模式中分组、竞赛简化、庆祝等方面的同质化较多，没有根据项目特点及教学对象差异化识别。由于国内学界对运动教育模式的研究缺乏理论认识的深度，对体育教学的实验研究上以模仿为主，也未能体现运动项目之间的本质差异，缺乏运动教育理论实践价值和融入课程改革的研究。

因此，唯有加强运动教育模式方面的创新型研究才能解决上述问题，国内体育教育理论界应坚持"由内而外、融合创生"原则，继续充分挖掘运动教育模式更广泛的理论内涵，结合国内体育课程的实践，坚持以系统思维对运动教育模式进行实验研究，找出不同项目、层次间的同质性内涵，又应注意不同年级、体质水平、运动项目间采用运动教育模式的差异性，为体育运动教育模式的推广提供可靠的理论依据。

第六章 高校篮球教学及运动教育模式的应用

第一节 高校篮球运动的技术教学与战术训练

一、高校篮球运动的技术教学

篮球技术是队员在比赛中以攻守为目的所运用的各种专门动作的总称，是队员进行比赛的主要手段，基础阶段基本技术掌握得好坏，直接影响着队员高难度动作的掌握和篮球水平的提高，在开始阶段练好基本技术，对在今后比赛中取胜有着重要的意义。

（一）移动教学

1. 基本动作

（1）起动。从基本站立姿势开始，向前起动时以后脚或异侧脚（向侧起动）前脚掌短促有力地蹬地，同时上体迅速前倾或侧转，向跑动方向移动重心，手臂协调摆动，充分利用蹬地的反作用力，迅速向跑动方向迈出。

起动动作要领：移重心，起动后的前两三步前脚掌蹬地要短促有力。

（2）变向跑。变向跑是队员在跑动中利用方向的变化完成攻守任务的一种方法，从右向左变向时，最后一步用右脚前脚掌内侧用力蹬地，同时脚尖稍加内扣，迅速屈膝降重心，腰部随之左转，上体向左前倾，移动重心，左脚向左前方跨出，蹬地脚及时跟上。

变向跑动作要领：变方向的瞬间屈膝降重心、移重心，异侧脚前脚掌内侧迅速蹬地，同侧脚迅速跨出，蹬地脚及时跟上。

（3）侧身跑。侧身跑是队员在向前跑动中，为观察场上情况，侧转上体进行攻守动作的一种方法。队员在向前跑动时，头部与上体侧转向球的方向，脚尖正对跑动的前进方向，内侧腿深屈，外侧脚用力蹬地。

侧身跑动作要领：面向球转体，切入方向的内侧腿深屈，外侧脚用力蹬地，重心内倾。

（4）急停。急停分为跨步急停和跳步急停。

第一，跨步急停。急停时向前跨出一大步，腿微弯曲，脚跟先着地，同时上体稍后仰，重心后移，上第 2 步时重心下降，用脚掌内侧蹬地，停后重心移至两脚上。

跨步急停动作要领：第 1 步要大，第 2 步要跟得快，脚前掌内侧用力蹬地。

第二，跳步急停。移动中用单脚或双脚起跳，上体稍后仰，落地时全脚掌着地，两腿弯曲，两臂屈肘微张，以保持身体平衡。

跳步急停动作要领：重心放在两脚之间，两腿弯曲，两臂屈肘在体侧，保持平衡。

（5）滑步。滑步是防守移动的一种主要方法，可分为侧滑步、前滑步和后滑步。以侧滑步为例：滑步前，两脚左右开立约与肩同宽，膝微屈，上体稍前倾，两臂侧伸，目平视。向左滑步时，右脚前脚掌内侧用力蹬地，左脚同时向左跨出，在落地的同时，右脚迅速随同滑行，然后重复上述动作，滑步时身体要保持平稳。

滑步动作要领：重心平稳，移动时做到异侧脚先蹬，同侧脚同时跨出，异侧脚再跟上。

2. 培养方法

（1）在明确各种移动技术动作要领的基础上做模仿练习，重点体会重心变换和脚用力的部位。

（2）在练习过程中，根据熟练程度，逐渐加快移动速度，直至达到实战需要。

（3）做各种移动技术的组合练习，以提高动作的连接能力。

（4）结合对抗做移动技术练习，以增加对抗性。

（5）在实战中体会移动技术要点，以提高动作的实效性。

（二）传球教学

传球，是篮球比赛中进攻队员之间有目的地转移球的方法，它是场上队员之间相互联系和组织进攻的纽带，是实现战术配合的具体手段。

1. 基本动作

（1）双手胸前传球。两手手指自然分开，拇指相对成八字形，用指根以上的部位持球，手心空出，屈肘持球于胸前。传球时，后脚蹬地重心前移，同时前臂迅速向传球方向伸出。拇指用力下压，手腕前屈，中、食指用力拨球将球传出。

双手胸前传球动作要领：蹬地，展体，伸臂，扣腕，手腕急促地由下而上、由内向外翻，同时拇指下压，中、食指用力拨球。

（2）单手肩上传球。以右手传球为例，双手持球于胸前，两脚平行开立。传球时，左脚向传球方向迈出半步，同时将球引至右肩上方，肘外展，右手托球，左肩侧对传球方向，重心落在右脚上，右脚蹬地，身体向传球方向转动，以大臂带动小臂，肘关节领先，前臂迅速向前挥摆，手腕前屈，通过食指和中指拨球将球传出。球出手后，重心前移，右脚向前迈出半步，保持基本站立姿势。

单手肩上传球动作要领：转体挥臂，扣腕，自下而上发力。

2. 培养方法

（1）明确传球的动作要领，做原地徒手的模仿练习。

（2）对墙设定目标，做原地传球练习，体会手臂、腕、指的动作及传球路线和掌握落点。

（3）原地将球传给跑动中的队员，体会移动中传球的提前量和落点。

（4）在消极防守的情况下练习传球的落点。

（5）在实战中体会合理地运用不同的传球技术，控制球的速度、路线。

（三）投篮教学

投篮，是篮球运动的关键技术，是比赛中唯一的得分手段，投篮得分的多少决定着比赛的胜负。

1. 基本动作

（1）双手胸前投篮。两脚前后站立，与肩同宽。双手持球于胸前，肘关节自然下垂。上体稍前倾，两膝微屈，身体重心放在两脚之间，目视目标。投篮时，两脚蹬地，腰腹伸展，两臂上伸，拇指向前压送，两手腕同时外翻，指端拨球，用拇指、食指、中指投出，腿、腰、臂自然伸直。

双手胸前投篮动作要领：动作的关键在于掌握好屈膝蹬地，腰腹伸展，手臂上伸和球出手时手腕、手指用力要连贯协调。

（2）单手肩上投篮。以右手投篮为例，右手五指自然分开，向后屈腕，屈肘持球于肩上，左手扶球，右脚稍前，左脚稍后，重心放在两脚之间，上体稍前倾，两腿微屈，目视目标。投篮时，用力蹬地，伸展腰腹，抬肘，手臂上伸，手腕、手指前屈，指端拨球，用中、食指将球投出，手臂向前上方自然伸直。

单手肩上投篮动作要领：投篮时要自下而上发力，抬肘，手臂上伸，屈腕拨球，将球投出。

（3）行进间单手低手投篮。右手投篮时，一般右脚腾空接球落地。接球时第1步稍大，第2步稍小，用左脚向前上方起跳。腾空时，持球手五指自然分开，托球的下部，手臂向上伸展。接近球篮时，手腕柔和上摆，食指、中指、无名指向上拨球，擦板或空心投篮。

行进间单手低手投篮动作要领：第 1 步大，第 2 步稍小且继续加速，腾空高，投篮瞬间要控制好身体的平衡。

（4）运球急停跳起投篮。在快速运球中，运用跳步或跨步急停，突然向上起跳，同时持球上举。当身体接近最高点时，前臂向前上方伸直，手腕前屈，食指、中指用力拨球，通过指端将球投出。

运球急停跳起投篮动作要领：运球急停跳投的关键在于快速运球中急停的步伐要稳，连接起跳技术要协调，身体腾空和投篮出手要协调一致。

2. 培养方法

（1）明确投篮动作要领后，徒手做原地投篮的模仿练习。

（2）持球原地对墙或人做投篮练习。

（3）面对球篮做投篮练习，根据投篮技术掌握程度，变换投篮距离和角度。

（4）在消极防守下进行投篮练习。

（5）在实战中体会投篮动作，掌握投篮出手的力量、角度和时机。

（四）运球教学

运球，是一项重要的进攻技术，是控制球、组织战术配合及突破防守的重要手段。

1. 基本动作

（1）高运球。运球时，两腿微屈，目平视，运球手用力向前下方推压球，球的落点在身体的侧前方，使球反弹起的高度在腰腹之间，手脚配合协调，使球有节奏地向前运行。

高运球动作要领：运球手虎口向前，注意球的落点。

（2）低运球。两脚前后开立，两腿弯曲，重心下降，上体前倾，用远离防守队员的手用力向下短促地推压球，使球从地面向上反弹起的高度在膝部以下。

低运球动作要领：大小臂的发力要协调，手腕的用力要柔和，控制好球的反弹高度。

（3）运球急停急起。在快速运球中，突然急停时，手拍按球的前上方。运球疾起时，要迅速起动，拍按球的后上方，要注意用身体和腿保护球。

运球急停急起动作要领：运球急停急起时，要停得稳，起得快。

（4）转身运球。以右手运球为例，变向时，右脚在前为轴，做后转身的同时，右手将球拉至身体的左侧前方，然后换手运球加速前进。

转身运球动作要领：运球转身时要降低重心，拉球动作和转身动作要连贯一致。

（5）背后运球。以右手运球为例，向左侧变向时，右脚在前，右手将球拉到右侧身后，迅速转腕拍按球的右后方。将球从身后拍按至身体的左侧前方，然后左手接着运球，左脚向前加速前进。

背后运球动作要领：右手将球拉至右侧身后时，要以肩关节为轴，并迅速转腕拍按球的后上方。

2. 培养方法

（1）做原地的各种运球练习，体会手臂、手腕、手指及上下肢配合的协调性。

（2）做左、右手的直线运球，体会行进间运球的部位。

（3）运球熟练后，做多种运球的组合练习。

（4）结合防守做各种运球练习。

（5）在实战中体会各种运球的合理运用。

（五）持球突破教学

持球突破，是持球队员运用脚步动作和运球技术快速超越对手的一项攻击性技术。

1. 基本动作

（1）交叉步突破。以右脚做中枢脚为例，两脚左右开立，两膝微屈，降低身体重心，持球于胸腹之间。突破时，左脚前脚掌内侧用力蹬地，上体稍右转，左肩向前下压，重心移向右前方，左脚向右侧前方跨出，将球引于右侧，右手运球，中枢脚蹬地向前跨出，迅速超越对手。

（2）顺步突破。准备姿势和突破前的动作要求与交叉步相同。突破时，右脚向右前方跨出一步，向右转体探肩，重心前移，右手将球运在右脚的外侧，左脚迅速蹬地，向右前方跨出，突破防守。

2. 培养方法

（1）原地徒手做持球突破练习，体会脚步动作的要领。

（2）原地持球做突破练习。

（3）结合球篮做持球突破接行进间投篮练习。

（4）消极防守做持球突破接行进间投篮练习。

（5）在实战中结合比赛的情况，合理运用突破技术。

（六）防守对手教学

防守对手，是防守队员合理地运用各种步法和手臂动作积极地抢占有利位置，阻挠和破坏对手的进攻意图和行动，并以争夺控制球权为目的。

1. 基本动作

（1）防守无球队员。防守时，位置要保持在对手与球篮之间，偏向有球的一侧。防守队员要根据球和人的移动合理地运用上步、撤步、滑步、交叉步、并步和快跑等步法，并配合身体动作抢占有利防守位置，堵截其摆脱移动路线。在与对手发生对抗时，重心下降，双腿用力，两臂屈肘外展，扩大站位面积，上体保持适宜紧张度，在发生身体接触瞬间提前发力合理对抗。

防守无球队员动作要领：要抢占"人球兼顾"的有利位置，防守时，要做到内紧外松，近球紧、远球松，松紧结合。防止对手摆脱空切，随时准备协防补防。

（2）防守有球队员。应站位于对手与球篮之间。平步防守时，两脚平行站立，两手臂侧伸，不停地挥摆，适合于防运球和突破。斜步防守时，两脚前后站立，前脚同侧手臂向前上方伸出，另一手臂侧伸，适合于防守投篮。

防守有球队员动作要领：要及时抢占对手与球篮之间有利的防守位置，并根据进攻队员的技术特点，采用平步防守或斜步防守步法。

2. 培养方法

（1）在对手静止站立状态下，选择正确位置和距离。

（2）在对手移动时选择正确的位置和距离。

（3）结合移动技术练习，进行消极对抗下的防守练习。

（4）结合实战，根据场上情况，合理运用技术动作。

（七）抢球、打球、断球教学

抢球、打球、断球是防守中具有攻击性的技术，是积极的防御思想在防守过程中的体现，是积极防守战术的基础。

1. 基本动作

（1）抢球。抢球动作可分为两种：一种是转抢，防守队员抓住球的同时，迅速利用手臂后拉和两手转动的力量，将球从对方手中抢过来。另一种是拉抢，防守队员看准对手的持球空隙部位，迅速用两手抓住球后突然猛拉，将球抢过来。

抢球动作要领：判断准确，下手及时。

（2）打球。打持球队手中的球时要根据持球的部位采用不同的动作。队员持球高时，打球时掌心向上，用手指和手掌打球的下部。队员持球低时，打球时掌心向下，用手指和手掌打球的上部。

打球动作要领：打球时动作要小而快，切记不要过大过猛。

（3）断球。断球方法分两种：一是横断球，二是纵断球。横断球时，降低身体重心，当球由传球队员传出时，单脚（或双脚）用力蹬地，突然跃出（两臂前伸将球断掉）。纵断球时，当防守队员从接球队员的右侧向前断球时，右脚先向右侧前方跨出半步，然后侧身跨左脚绕过对方，左脚（或双脚）用力蹬地向前跃出，两臂前伸将球断掉。

断球动作要领：掌握断球时机，动作快速突然。

2. 培养方法

（1）徒手体会抢、打、断球时的手部动作。

（2）练习抢、打、断球时的脚部动作。

（3）抢、打持球队员手中的球。

（4）结合实战，合理运用抢、打、断球技术。

（八）抢篮板球教学

比赛中双方队员在空中争抢投篮未中从篮板或篮圈反弹出的球，统称为抢篮板球。抢篮板球技术又分为抢进攻篮板球和抢防守篮板球，抢篮板球技术由抢占位置、起跳动作、抢球动作等组成。

1. 基本动作

（1）抢占位置。无论是进攻队员或防守队员，在抢篮板球时，应根据对手和投篮队员所处的位置，判断球的反弹方向，运用快速的脚步移动，抢占在对手与球篮之间靠内线的位置，力争将对手挡在自己的身后。

抢占位置动作要领：判断准确，移动及时，抢位得当。

（2）起跳动作。两腿屈膝，重心降低，上体稍前倾，两臂稍屈，举于体侧。起跳时，两脚用力蹬地，两臂上摆，手臂向上伸展，腹、腰协调用力。防守队员一般多采用转身跨步起跳，进攻队员则多采用助跑单脚起跳或跨步双脚起跳。

起跳动作要领：起跳迅速，时机掌握好。

（3）抢球动作。双手抢篮板球时，两臂用力伸向球反弹的方向。身体和手达到最高点时，双手将球握紧，腰腹用力，迅速屈臂将球下拉置于身前。单手抢篮板球时，身体在空中要充分伸展，达到最高点时，手臂要伸直，指端触球，用力屈腕、屈指、屈臂拉球于胸前，另一手护球。当遇到对方身材比较高，不能直接得到球时，可用手指点拨的方法，将球点拨给同伴或点拨到自己便于接球的位置。

抢球动作要领：抢到球时，要迅速持球到有利位置，并加以保护或采用下一个进攻动作。

2. 培养方法

（1）徒手模仿起跳和抢球练习。

（2）自己向上抛球，练习单、双脚起跳抢球动作。

（3）两人一球，站篮圈两侧，轮换跳起在空中用单手或双手将球托过篮圈，碰板后传给同伴。

（4）三人一组，一人投篮，另两人练习抢进攻篮板球或防守篮板球。

（5）结合实战，练习抢篮板球。

二、高校篮球运动的战术训练

篮球战术，是指在比赛中为了战胜对手，队员个人技术的合理运用和队员之间相互协调的组织形式。

（一）篮球战术的构成因素

无论是攻、守基础配合还是攻、守战术，都包含有位置（落位）、任务、路线、技术、时间五个因素。

第一，位置（落位）。任何战术都有一定的落位队形，每个队员按一定阵形站位，这就是位置。

第二，任务。在完成战术配合过程中，每个队员都必须有明确的角色意识（自己是一个什么角色），并各尽其职去完成任务。

第三，路线。组织任何技术，人和篮球都应有固定的移动路线。根据战术要求和每个人的任务，队员和篮球有计划、有目的地移动，这就形成了一定的路线。

第四，技术。技术是战术的基础，每个队员必须有全面的技术。在执行全队战术配合时，每个队员根据具体职责，以娴熟的技术去保证战术配合的完成。

第五，时间。在完成战术配合时，必须根据战术的结构、组成情况，严格地按一定程序去完成，这就是时间上的要求。

以上五种因素互相联系，相辅相成，任何一个环节解决不好都会影响战术的质量。

（二）篮球战术的组织原则

第一，根据战略指导思想，技术风格和本队的具体条件确定适合本队的情况的战术。

第二，应贯彻"积极、主动、勇猛顽强、快速、灵活、全面准确"的技术风格。

第三，组织进攻战术：①组织快攻要体现快速、灵活的风格，并具有本队的特点。②组织阵地进攻要坚持"点面结合""内外结合""左右结合""主攻与辅攻结合""组织抢进攻篮板球与退守结合"，组织好战术配合的连续性、队员之间配合的协调性以及队员在场上行动的统一性，充分发挥每个队员的攻击性。

第四，组织防守战术要贯彻攻势防守的原则，重视由攻势转守势的意识和速度，确定各种防守的固定队形和不固定队形，确定由攻转守时的紧逼、找人和封堵的分工、边堵边退的配合以及分布阵等，贯彻以集中优势兵力打歼灭战的原则。组织夹击，回防区域，积极进抢、打、断和堵防、补防的结合，组织内外线防守力量和防守重点队员的分配，积极组织拼抢守篮板球，积极反攻。

（三）篮球战术的基础配合

战术基础配合，是两三人之间协同动作组成的简单配合。

1. 进攻战术基础配合

（1）传切配合。传切配合是两三名队员利用传球和切入组成的简单配合。传切配合的要点：①合理选择进攻位置，队形要拉开，按战术路线跑动。②持球队员运用投篮和突破等假动作，吸引对手，以便及时把球传给切入的伙伴。③切入的队员要先靠近对手，然后突然快速侧身跑，摆脱对手向篮下切入，随时注意接球进攻。

（2）掩护配合。掩护配合是进攻队员选择正确的位置，运用合理的技术，以身体挡住同伴的防守队员的移动路线，给同伴创造摆脱防守、获得进攻机会的一种配合方法。掩护配合的要点：①掩防队员要站在同伴的防守队员的移动线上；②掩护配合行动要突然、快速，运用假动作造成防守队员错觉，完成掩护配合；③同伴之间必须掌握好配合动作的时间；④当防守队员交换防守时，掩护队员要运用掩护后的第二个动作，突然转身切入篮下或寻找其他的进攻机会；⑤在进行掩护过程中，掩护队员和同伴都要做一些进攻动作，吸引住对手，达到隐蔽掩护配合的意图。

（3）突分配合。突分配合是持球队员运用突破打乱防守部署或吸引防守，并及时将球传给同伴，使同伴获得进攻机会的配合方法。突分配合的要点：①突破队员的动作要突然、快速。在突破过程中，既要有传球的准备，又要有投篮的准备；②突破队员在突破过程中，要始终注意观察场上攻、守队员位置变化，及时分球或投篮。场上其他进攻队员要掌握时机跑到有利的进攻位置上去接球。

（4）策应配合。策应配合是指进攻队员背对或侧对球篮接球，并以他为枢纽，与同伴相互配合而形成的里应外合的进攻方法。策应配合的要点：①正确选择策应点，迅速摆脱防守，抢占策应的位置；②策应队员接球后两脚开立，两腿弯曲，上体稍前倾，两肘微屈，两手持球于腹前，用臂和身体保护好球，要随时注意观察场上情况，以便及时将球传给有利进攻机会的同伴或自己伺机进攻；③策应队员在策应过程中，运用好跨步、转身来调整策应方向和位置，以便协助同伴摆脱防守或为自己创造进攻机会；④同队队员传球给策应队员后，要及时摆脱、接应或切向篮下进攻。

2. 防守战术基础配合

防守战术基础配合是两三名队员在防守中运用协同防守配合的方法，它包括挤过、穿过、交换防守、"关门"、夹击、补防等防守配合，是组成全队防守的基础。

（1）挤过配合。挤过配合是当掩护队员在进行掩护的一刹那，被掩护的防守队员主动上前，靠近自己的防守对象，并随其移动，从两名进攻队员之间侧身挤过去，继续防守自己对手的配合方法。挤过配合要点：①防守掩护的队员，应及时提醒同伴注意对方掩护，自己随移动应稍向后撤，以便补防；②被掩护的防守队员要及时、主动上步贴近自己的对手。

（2）穿过配合。当防攻队员进行掩护时，防守掩护的队员主动后撤一步，让同伴（即被掩护的防守队员）及时从自己和掩护队员之间穿过去，以便继续防守住自己对手，称为穿过配合。穿过配合要点：①当对方掩护时，防守掩护的队员要主动、及时后撤一步；②被掩护的队员要快速穿过堵住的进攻路线。

（3）交换防守配合。交换防守是当对主进行掩护或策应，两名防守队员及时交换自己防守对手的一种配合方法。交换防守配合要点：①交换防守前，防守掩护的队员要及时地把换人的信号告诉同伴并积极堵截切入队员的路线；②被掩护的防守队员接到换人的信号后，积极堵截掩护队员向内线切入的移动路线。

（4）"关门"配合。"关门"是当进攻队员持球突破时，防守突破的队员向侧后滑步。同时，临近突破一侧的防守队员迅速向进攻队员的突破路线滑动，与防守突破的队员靠拢，像两扇门一样地关起来，堵住持球突破队员的一种配合。"关门"配合要点：①防守突破队员要积极防守，堵住进攻队员的突破路线，临近突破一侧的防守队员及时、快速地向同伴靠拢进行"关门"，不给突破队员留有空隙；②"关门"后，突破队员一停球，协助"关门"的队员迅速回防自己的对手。

（5）夹击配合。夹击配合是两个防守队员利用有利的区域和时机，封堵持球队员的传球路线，造成持球队员传球失误或违例的一种协同防守的配合方法。夹击配合要点：①正确选择夹击的区域和时机；②夹击配合时，行动要果断、突然，两名夹击队员应充分运用身体、两臂严密固守持球队员，两人的双脚位置约成90°，不让其对手向场内跨步；③夹击时，防止身体接触或抢球造成的不必要的犯规动作；④防守的两名队员在夹击配合过程中，其他防守队员要紧密配合，放弃远离球的进攻队员，严防近球的进攻队员接球。

（6）补防配合。当防守队员被对手突破或绕过时，临近的其他防守队员主动放弃自己的对手，去补漏防守的配合方法，称为补防配合。补防配合要点：①当同伴被对方突破后，临近的防守队员要大胆放弃自己的对手，果断、突然、快速地补防；②补防时，应合理运用技术，避免犯规；③被对手突破而漏防的队员应积极追防，补防同伴的对手，注意观察对手传球路线，争取断球。

3. 快攻与防守快攻

快攻是指在由防守转入进攻时以最快的速度、最短的时间，在人数上造成以多打少的优势，或在人数相等以及人数少于对方的情况下，乘对方立足未稳，果断而合理地进行攻击的一种快速进攻战术。

快攻战术是全队战术的主要组成部分，是篮球比赛中得分的重要方法，为国内外篮球队所重视。在快攻训练中，必须加强快攻基础战术的练习以及攻防转化意识的练习，培养勇猛顽强的意志品质和勇于取胜的集体主义精神，不断提高快攻战术质量。

（1）发动快攻的时机：①抢到防守篮板球时发动快攻；②抢、打、断球，获球时发动快攻；③掷界外球时，要想到发动快攻；④跳球，获球后发动快攻。

（2）快攻战术的形式和组织结构。快攻的形式分为长传快攻、短传快攻和运球突破快攻三种。

第一，长传快攻。长传快攻是防守队员在后场获球后，立即快速地用一次或两次传球给迅速超越对手的同伴进行投篮的一种配合方法。长传快攻的要点：①全队要有快攻意识；②由攻转守获球队员迅速观察场上情况，机警、快速地传球；③快攻队员要全力快跑超越对手，并准确判断来球的方向和落点，在跑动中完成接球和投篮。

第二，短传快攻。短传快攻是防守队员获球后，立即以快速的短传推进和快速跑动获得投篮机会的一种配合方法。

第三，运球突破快攻。防守队员获得球后，在不能快速传球时，采用运球突破（改变方向和位置），这种快攻特点是发动和接应融为一体，常常难以堵截，能发挥个人攻击的积极性和主动性，但推进速度较慢。运球突破快攻的要点：①快攻的发动和接应意识一定要强，积极主动，获球后要先远后近，传好一传；②在快攻中要以传球推进为主结合运球突破、加快进攻速度；③结束部分要敢打，以个人攻击为主吸引防守。

（3）防守快攻。防守快攻是防守战术的主要组成部分，它是在进攻转入防守的刹那间，快速地、有组织地制约对方的反击速度和破坏对方快攻路线的配合方法。防守快攻的要点：①提高投篮命中率，拼抢篮板球。从比赛规律看，抢篮板球发动快攻的次数最多。提高投篮命中率，减少对方抢篮板球的机会最重要，即使投篮不中，也要拼抢篮板球，破坏对方在空中点拨球发动第一传。②封第一传，堵接应。当对方控制了篮板球时，离持球队员最近的队员要迅速上前封锁对手的传球路线，其他队员应判断好接应点，阻挠对方接应第一传和有组织地退守。③堵中路，卡好两边。除封第一传，堵接应外，还应组织力量堵截中路，迫使对手沿边线推进。同时，卡好两边，以防对方偷袭快攻。④提高以少防多的能力。防守快攻结束阶段，若遇以少防多时，防守队员要沉着冷静，有信心，充分发挥防守的积极性，判断准确，积极移动，合理运用技术，及时补位，提高防守效果。

（四）区域联防训练

区域联防是防守时，每个人分工负责防守一定的区域，严密防守进入该区域的球和进攻队员，并与同伴协同防守的集体防守战术。

区域联防要求合理地分配队员的防守区域，在分工负责防守区域的基础上，五个队员必须协同一致，积极随球移动，加强对有球一侧的防守，做到近球者紧，远球者松。有球者上，无球者补。区域联防的战术队形常用的有"2-1-2""2-3""3-2""1-3"等。

区域联防应根据进攻队的特点和本队的条件来决定采用哪种站位队形进行防守，"2-1-2"联防是区域联防的基本形式，五个队员的位置分布较均衡，移动距离短，便于相互协作，能相对减少犯规。

（五）半场人盯人防守训练

半场人盯人防守，是指在后场每个防守队员盯住一个进攻队员，同时协助同伴完成集体防守任务的全队防守战术，它的特点是以盯人为主，分工明确，能有效地控制对方进攻重点。半场人盯人防守分为有球一侧防守与无球一侧防守，具体如下：

第一，有球一侧防守：球在正面圈顶一带时，要错位防守，以防守对手接球为主。球在45°角二带时，要侧前防守。

第二，无球一侧防守：球在圈顶一带和45°角时，无球侧防守者应回缩球，注意协防和篮下。进攻人盯人防守时有各种阵形打法，主要是由传切、掩护策应等局部配合组合而成。

第二节　运动教育模式下篮球课程的过程性评价

一、运动教育模式中关于过程性评价的建议

"近年来，随着我国高校体育教学教育模式改革的不断深化与发展，我国体育教学课

程和项目逐渐向更具有趣味化和进度系统化的方向发展。"① 运动教育模式包含诸多要素，其中小组团队积分、差异性分组、赛季比赛、角色扮演等要素对于实施体育课的过程性评价发挥着巨大的优势。

（一）小组团队积分

小组团队积分的高低决定了团队成绩的高低。在运动教育模式篮球课教学实验过程中，积分从季后赛开始记录，由教学比赛时扮演记录员的学生负责登记，其分数依据团体比赛表现。由于比赛次数较多，分数累计到赛季结束进行核算。小队每一次团队的比赛表现通过小组团队积分的形式进行反馈，也最终形成了每个小组的过程性评价。

（二）差异性分组

赛季之初根据学生身体素质和已有篮球基础进行差异性分组，通过这样的方式让学生组成三支不同的小组，并且确保队伍间实力相对均衡。通过差异性分组的方式避免评价机械性的出现，也利于充分反映每支队伍的进步幅度。

（三）赛季比赛

依据运动教育模式以比赛为主线贯穿整个赛季的要求，赛季比赛从练习期组间技能竞赛到季后赛期组间全场篮球比赛，到最后的"全明星赛"（庆祝活动）。

（四）角色扮演

通过角色扮演让学生担任不同角色，这样不但可以增加学生间互评，又可以给予教师更多的实践观察学生的课堂表现与比赛表现，可减轻教师实施过程性评价的负担。

二、运动教育模式下篮球课程过程性评价的内容

运动教育模式下篮球课程过程性评价是以学生为主体的评价，促进学生正确对待自我表现，全面评价自我学习效果，利于教师客观评价学生表现，及时反馈教学效果，并以此为依据进行教学方式方法的改善。

（一）篮球课程过程性评价的具体原则

第一，全面性原则。运动教育模式篮球课程全面性原则指评价学生学习的全过程。评

---

①李戈，孙润娟．高校篮球课教学中运动教育模式的应用［J］．当代体育科技，2022，12（11）：83．

价不仅限于运动知识与技能，更要突出学生的学习参与、情意表现、合作精神以及比赛表现等方面，最终对学生整个赛季的学习结果给予评价，包括庆祝活动的策划，相关赛事的举办等，才能多维度、全方位反映出学生的学习过程。

第二，客观性原则。运动教育模式篮球课程客观性原则指评价时要根据相关评价标准，准确、客观地判定学生的学习状况，例如真实反映学生的课堂表现是评价标准制定的重要依据，客观分析学生的比赛表现等。

第三，可操作性原则。运动教育模式篮球课程可操作性原则指评价标准需要保证测评间的连续性，不能存在交叉现象，并且需要适宜的测评点数量，评价指标做到精练减少，易于操作。

（二）篮球课程过程性评价的内容确定

1. 篮球技术的评价

运动教育模式与传统体育教学模式，在培养学生掌握运动技术的目标上是一致的。对篮球课程学生篮球技术的评价可采用学生自评、互评与教师评价的形式，并结合学生所在团队的比赛表现进行综合评定。

在运动教育模式篮球课程的课堂中，学生以小组团队形式带领学练，教师指导的同时去观察和评估学生在技能学练下的表现。例如学生对技术动作的了解、技术动作的掌握程度，以及所学知识和技术动作在情境中的综合运用情况等，采用过程性评价与终结性评价相结合，在整个赛季中贯穿评价，在日常课堂教学中体现评价，才能全面、客观且动态地对学生在整个赛季的技术表现进行评价。

2. 篮球项目理论知识的评价

篮球项目理论知识与篮球技能同等重要，在运动教育模式篮球课程中，学生不但要接受篮球技能的学练，也要进行篮球项目理论知识的学习。传统体育教学模式一般在课程之初简单介绍篮球相关理论，但在后期的学习中很少涉及到篮球理论知识的学习，造成理论学习效果差。

在运动教育模式中，学生在教师创设的真实情境中学习，以小组学习、裁判员角色扮演的形式从而强化学生的理论认知。学习篮球项目理论知识主要包括：篮球运动发展渊源、篮球的价值和功能、篮球裁判法等。了解篮球运动发展渊源，能增强学生的学习兴趣，对篮球价值功能的认知，可以促进学生能进一步学好篮球，并能在一定程度上诊断出学生学习效果。同样采用过程性评价与终结性评价相结合，例如在学习持球突破能力中，教师可以在课的开始部分向学生口头提问，针对学生的回答进行评价，这不仅能够加强学生与教师之间的互动，增进彼此之间的感情，还可以调动学生课堂参与的积极性，创造良好的学习气氛。

3. 学生学习投入的评价

学生学习投入，是学习成绩和学习效果的重要影响因素，也是高等教育整体发展的一个重要衡量关键指标。无论在学习还是解决问题的方法策略，都需要积极参与或者说是认真投入到学习中。

在运动教育模式篮球课程课堂中，对学生学习投入的评价主要观察学生的情感投入，主要包括学生课上表现出的满足感、快乐感等方面，在课堂学练过程中具体的表现就是在学练过程中情绪饱满，有很强的探究欲望。

4. 情意表现与合作精神的评价

篮球项目是一个团体类运动项目，团体类运动项目的核心策略就是团队合作，在学习中的小组练习和团队间竞技赛，都是体现团队协作能力的重要方面，都能很好地促进学生之间的交往。

在运动教育模式中更为强调合作的功效，每个小组将持续整个比赛，期间的小组合作对团队成绩的高低至关重要，学生的情意表现与合作精神的内容繁多有益于团队成绩的提高。

5. 篮球比赛表现的评价

在以比赛为主线的运动教育模式中，学生分成不同小组参与比赛，在篮球赛场上拥有更多的时间展现学生的运动知识与技能，教师也得益于学生角色扮演的作用，得到更多的时间来观测学生的比赛表现。例如每节课末的教学比赛，通过学生的比赛表现来评估他们的技能学习情况，包括执行技术与战术之间的能力。

6. 角色职责完成情况的评价

角色职责与分配角色与职责策略相同，也就是在运动教育模式实施阶段，教师需要针对学生角色职责的完成情况给予一定评价，同时兼顾学生自评与互评，以达到学生社会化的发展。

7. 对公平竞争行为的评价

公平竞争是竞技运动的重要内容。在运动教育模式中，公平竞争的行为主要包括：积极参与，付出努力，尊重队友与对手，尊重比赛、正确面对成败，乐于助人、学会感恩。依据以上因素评估学生的公平竞争行为非常重要，通常是以团队为单位对公平竞争行为进行评估。

8. 学习生成的评价

教师的教学活动与学生的学习活动都是一个动态的过程。学生生成是指学生对所学知识的建构与分析过程，同时包括学生对现有学习方式的创新与提高。

第三节　运动教育模式在高校篮球教学中的应用

"运动教育模式所倡导的体育教学思想符合我国现今体育教学改革发展趋势，可为我国的体育教学改革提供针对性很强的操作性模式。"① 当今，在校园内篮球受到广大学生的喜爱，但是缺乏比赛意识，大大降低了篮球比赛的质量，长期下去就会造成不良的影响，因此必须培养学生的比赛意识、提高学生的练习篮球技术的兴趣。

一、运动教育模式在高校篮球教学中应用的必要性

篮球运动能够吸引广大学生的喜爱主要在于篮球通过团队的合作赢得比赛，学生在篮球比赛中要合理地使用自己所学的知识，以前传统的模式只重视学生掌握篮球技能，忽略了学生的全面发展。

在运动模式的教学模式下，可以培养学生团结合作的精神，培养团队意识，使学生为了共同的目标而努力奋斗。在运动模式教学中不仅要求学生能够掌握篮球动作技能，还要求学生能够掌握攻守战术，使其能够在真正的比赛中合理的运用所学知识，是篮球教学更有意义。

（一）使学生更加了解篮球运动

在运动教育模式在篮球教育中的应用改变了学生对体育课的认识，学生在运动教育课堂中要求学生扮演篮球比赛中的各个角色，扮演的角色要求学生能够充分的了解篮球运动。不仅要了解篮球的历史还要了解篮球比赛的规则和裁判评分标准。了解篮球的历史可以使学生深刻地认识篮球，了解篮球的文化，在学习篮球的时候能够有较高的篮球素养。

在运动教育模式下，要求学生进行角色扮演，因此学生不仅仅以球员的身份存在，还有可能担任队长、宣传员、裁判员、记录员以及啦啦队员。这就需要学生了解篮球的相关规则，学生在了解篮球规则的同时也更加熟悉了篮球的运动技能。在运动教学模式下要求学生扮演角色，如果不对篮球比赛的相关规则进行教学，就无法承担裁判的角色。在实际的比赛中，学生通过扮演的角色，使他们更加有责任感，更能正确的认识篮球，使他们体会到比赛的重要性，与传统的教育模式相比，使规则不再停留在试卷上，而是让学生能够真实了解篮球的规则。

---

① 袁祖力，孙涵. 运动教育模式在高校篮球教学中的应用研究——以上海交通大学为例［J］. 当代体育科技，2020，10（13）：61.

（二）提升学生的篮球专业技能

运动教育模式使学生在整个学期都要以小组进行学习，为学生的学习提供一个良好的学习氛围，有利于学生掌握篮球技能。

运动模式的主要目标，就是通过教授篮球相关知识来督促学生更好地掌握篮球运动技能。运动教学模式通过赛季让学生进行篮球学习，比赛会使学生学习战术和应对战术的方法，战术的合理运用能够更好地运用所学的运动技能，学生通过真实感受篮球比赛现场的气氛，更加喜欢篮球，更加勇于探索篮球运动里自己所未知的领域，使学生变得会学、爱学，极大地提高了学生的篮球水平。

（三）对学生心理产生积极影响

运动教育模式改变了传统教育模式如同"模具"一样的教育方式，实现了由"复制模型"到尊重个体发展的转变。真正做到了人为本，因材施教，极大地发展了学生的心理素质，使其变得更加独立、自信、乐观，勇于挑战，从而发展了学生的个性、增强了学生的耐挫能力、提高了学生社会适应和学习力。

二、运动教育模式在高校篮球教学中的实践应用

在篮球教学中实施运动教学模式，在整个赛季开始之前，要先将学生分成不同的小组，在整个学期中都要以这个小组进行学习，这也体现了篮球这一运动的集体性。在整个学期中每个学生的表现都有利于整个小组的发展。分好小组后，每个小组都要选出队长，然后队长根据每个学生的表现进行角色的分配，分配的角色包括：队长、宣传员、裁判员、记录员和啦啦队。角色分配好就要进行正式的比赛，正式比赛中的裁判员是非常重要的，在比赛中的比赛规则、裁判的手势、比赛的得分方法都是裁判的工作，因此在比赛前还要对学生进行裁判员相关的教学。

在实际教学中教师可以在篮球教学穿插 2~3 节课进行篮球相关知识的介绍。最终比赛是正规的篮球比赛，在正式比赛中学生自己记录成绩，自己作为啦啦队为自己队去加油喝彩，使学生能够真正地感受到篮球比赛的气氛。在比赛中学生自己记录成绩的同时，发现队伍的不足从而找到应对比赛的策略。最终比赛中自己队伍的进球后的心情和气氛，使学生感受到节日的气氛，通过这种活动使学生能够真正了解篮球运动的内涵。

（一）准备工作

运动教学模式是一种新的教学模式，在实施运动教学模式前，教师应该充分地了解该

教育模式，教师只有充分的了解和掌握运动教学模式的相关知识才能在课堂上合理的运用该模式去授课。对于学生来说，在运用运动教学模式之前，教师应该对运动教育模式进行简单的讲解，使学生充分地了解该模式的教学方法，并让学生能够习惯和适应小组学习，使其形成团队意识。

（二）合理分组

运动教育模式的主要就是把学生分成小组进行篮球比赛，分组是实施"运动教育模式"的基础。每个学生的表现都有助于整个队伍的表现，关系到公平学习的机会，体现了公平竞争的概念，因此都很关心分组的情况。在运动教育模式下教师应当注意分组的方法方式，可以使用等级量表分组。

（三）充分考虑到学生水平

比赛前要考虑学生的水平，使学生充分地了解比赛的规则和比赛现场的各项规定，使其能够在比赛中充分地发挥，防止出现投机取巧的现象，控制好比赛现场的秩序，使比赛能够正常进行。与此同时，教师也应当考虑到每个学生的思想状态，鼓励他们积极参加比赛。

（四）篮球规则与文化知识

在运动教育模式中主要就是调动学生学习篮球的兴趣，产生兴趣主要是看学生是否能够去欣赏这项运动，感受到这项运动的魅力，要使学生能够去欣赏篮球，必须要让学生去了解篮球的发展历史、文化、规则和礼仪。在运动教育模式中，虽然有对篮球运动相关知识的讲解，教师在实施运动教育模式的时候，应当把篮球理论知识的教学也要看作重点去教授。

第七章　高校排球教学及运动教育模式的应用

第一节　高校排球运动的技术教学与战术训练

一、高校排球运动的技术教学

排球技术，是指运动员在比赛规则允许的条件下采用的各种合理的击球动作和配合动作的总称，它是排球比赛的基础。

（一）无球技术教学

准备姿势与移动，是排球运动中运用最多的基本技术，是完成发球、垫球、传球、扣球和拦网等各项击球技术的前提和基础，并对各项击球技术动作的运用起串联作用。而且合理的准备姿势主要是为了更快速地移动，达到某个有利的进攻或防守位置。

1. 准备姿势

准备姿势，是进行移动和各种击球前所做的合理的准备动作，是完成各种技战术的基础。准备姿势的目的首先是为了迅速起动，快速移动去接近球，与球保持合理的位置，以便完成各种击球动作，同时也为了及时起跳、倒地和做各种击球动作。准备姿势按照身体重心的高低，可分为半蹲、稍蹲和低蹲准备姿势三种。

（1）半蹲准备姿势。两脚左右开立，稍比肩宽，一脚稍前，两脚尖内收，脚跟稍提起，膝关节保持一定的弯曲，两臂放松自然弯曲，双手置于腹前，两眼注视来球，两腿始终保持微动处于待发状态。

（2）稍蹲准备姿势。稍蹲准备姿势比半蹲准备姿势重心稍高，动作方法相同。

（3）低蹲准备姿势。低蹲准备姿势比半蹲准备姿势的身体重心更低、更靠前，两脚左右前后的距离更宽一些，膝部的弯曲程度更大一些，其中肩部投影过膝，膝部投影过脚尖，双手置于胸腹之间。

2. **移动**

练习者从起动到制动之间的位移和动作称为移动。移动的完整过程包括起动、移动、制动三个环节。

（1）起动。起动是移动的开始，它是在准备姿势基础上交换身体重心的位置，破坏准备姿势重心的稳点，使身体便于向某一方向移动步法。起动的快慢是移动的关键，起动的速度取决于反应能力和腰腿部的速度力量。

（2）移动步法。移动是在起动的基础上，利用脚步动作来改变运动员在场上的位置，完成技术动作和战术配合的行动。起动后，应根据实际技战术的需要，灵活地采用多种移动步法进行移动。移动的主要步法和动作方法如下：

第一，并步。两脚前后站立与肩同宽，两膝微曲，上体稍前倾，两手自然放松置于腰腹。并步时，前脚向来球方向跨出一步，后脚迅速蹬地跟上，并做好击球前的姿势。并步的特点是容易保持身体平衡，便于做击球动作。并步可向前、后、左、右各方向移动。

第二，滑步。连续并步就是滑步。

第三，交叉步。两脚左右开立，向右侧交叉步移动时上体稍向右转，左脚从右脚前向右交叉迈出一步，然后右脚再向右侧方向跨出一大步，同时重心移至右脚，身体转向来球方向，保持击球前的姿势。交叉步的特点是步子大、动作快、便于制动。

第四，跨步。跨步前膝弯曲，上体前倾，身体重心移至跨出脚上。跨步时，一腿用力蹬地，另一腿向来球方向跨出一大步，后腿随重心前移后自然跟上，两臂做好迎球动作。跨步的特点是跨距大，便于向前、斜前方降低重心进行低点击球。

第五，跑步。跑步时，一脚蹬地起动，另一脚迅速向前迈出，两脚交替进行，两臂配合摆动，不要过早做出击球动作的准备，以免影响跑步的速度。跑步的特点是移动速度快，便于随时改变方向。

第六，综合步，即以上各种步法的混合运用。

（3）制动。制动是移动的结束，要及时克服身体惯性冲力，保持好击球前的身体姿势。制动的方法有一步制动法和两步制动法。

（二）有球技术教学

1. **发球**

（1）正面下手发球。正面下手发球是指发球队员面对球网，手臂由后下方向前摆动，在体前腹部高度击球过网的一种发球方法。其特点是动作简单，容易掌握，准确性大。但球速慢，攻击性不强，适合于初学者。

准备姿势：面对球网，两脚前后开立，左脚在前，两膝微屈，上体稍前倾，重心偏后脚，左手持球于腹前。

抛球：左手将球轻轻抛起在体前右侧，离手高约 15 厘米。在抛球之前，右臂伸直，以肩为轴向后摆动。

击球：借右脚蹬地力量，身体重心随着右手向前摆动击球而移至前脚上。在腹前以全手掌击球的后下方。随着击球动作重心前移，迅速入场。

正面下手发球动作有两个要点：①肘关节不能弯曲。击球手臂应以肩为轴向后摆起，再以肩为轴直臂向前摆动，在击球前手臂不应有屈肘动作，这样有利于加快挥臂速度、控制击球出手角度和路线并加强准确性；②击球点在球的中下部，手触球时，击球点在球的中下部，这样球的出手轨迹更有利于加强球的准确性。

（2）侧面下手发球。侧面下手发球可借助转体力量带动手臂挥动击球，比较省力，但攻击性不强，一般适用于初学的女生。

准备姿势：左肩对网，两脚左右开立，约与肩宽，两膝微屈，上体稍前倾，重心落在两臂间，左手持球于腹前。

抛球：左手持球平衡抛至胸前，距身体约一臂远。

击球：在抛球的同时，右臂摆至右侧下方，接着利用右脚蹬地向右转体的力量，带动右臂向前上方摆动，在腹前用全手掌击球的右下方，击球后顺势使重心前移，迅速进场。

侧面下手发球要注意两点：①击球手臂应由体侧右下方向斜前上方挥动；②击球点不超过肩的高度。

（3）正面上手大力发球。正面上手大力发球是指发球队员面对球网站立，利用收腹转体动作带动手臂加速挥动，在头的右前上方用手掌击球过网的发球方法。这种发球击球点高，可以充分利用胸腹和上肢的爆发力，加之运用手掌的推压动作使球呈上旋飞行，不易出界，因此，它具有较大的攻击性和准确性。

准备姿势：面对球网，两脚自然开立，左脚在前，左手持球于体前。

抛球：用抬臂和手掌的平托上送，将球平稳地垂直抛于右肩的前上方，高度适中。在左手抛球的同时，右臂抬起，屈肘后引，肘与肩平，上体稍向右侧转动，抬头、挺胸、展腹、手掌自然张开。

挥臂击球：击球时，利用蹬地，使上体向左转动，同时收腹，带动手臂向前上方快速挥动。在右肩上方伸直手臂的最高点处，用全掌击球的中下部。击球时，手指自然张开吻合球。手腕要迅速主动做推压动作，使击出的球呈上旋飞行。击球后，随着重心前移，迅速入场。

正面上手大力发球需注意三点：①准备姿势里面的站位，如果右手发球，必须左脚在前，这样便于引臂和身体自然右转，反之亦然；②抛球，球抛在身体右侧前约30厘米处，球离手约1米高度为宜；③击球，击球时，前臂和手腕动作要稳定，不要左右转动，击球时，整个手掌包住球，手腕推压动作的大小，应根据击球点的位置进行调整，击球点高或离身体近时，手腕向前推压的动作要稍大，击球点偏前或较低时，手腕向前推压动作要稍小，以免击球出界或下网。

（4）正面上手飘球。正面上手飘球是一种发球时不使球产生旋转，而使球呈不规则地向前飘晃飞行的发球方法。这种发球使接发球队员难以判断球的飞行路线和落点。由于发球时队员面对球网站立，便于观察情况和瞄准目标，所以攻击性和准确性较高。目前，上手飘球已成为发球的一种主要方法，男女均普遍采用。

准备姿势：近似正面上手大力发球，但左手持球的位置较高，约在胸前。

抛球：近似正面上手大力发球，但抛球比正面上手发球稍低，稍靠前些。

挥臂击球：与正面上手大力发球一样做鞭甩动作，但击球前手臂的挥动轨迹不呈弧形，而是自后向前做直线运动。击球时，五指并拢，手腕稍向后仰，用掌根的坚实平面击准球体中下部，使作用力通过球体重心。击球用力要快速，击球面积要小，手指紧张，手型固定，不加推压动作，击球结束，手臂要有突停动作。

正面上手飘球要注意两点：①抛球，要平稳且不宜过高，以略高于击球点为宜；②发飘球的用力，动作幅度要小，但发力要突然、快速、短促。

2. 捧球

捧球，是排球创新的击球技术动作。由于排球质量轻、球体质地柔软而且富有弹性，在空中飞行时容易受到气流影响，速度变化大且方向易变，只有通过加大击球面积来克服控球稳定性差的状况。在长期的实践过程中，排球的参与者们发明了捧球技术动作，有效地解决了击球时球体稳定性的问题。

（1）捧球技术结构。

准备姿势：根据来球，多采用半蹲姿势或稍蹲姿势，并随时调整姿势的高低，以适应捧球的需要。其目的要求是能保证捧球时身体的稳定性能迅速向各个方向移动。

移动和取位：判断来球有明显不到位情况时，应迅速以最简便、最有效的步法移动上去接近球。取位时，身体尽量对准捧球出球方位。其目的要求是使身体保持有利于捧球的位置。

用力：身体和手臂保持适当的紧张度，利用较小幅度的手臂抬送和手腕、手指触球形成的合力将球捧起。其重点是不允许迎球。

（2）捧球动作方法。

第一，双手托捧（身体侧上方）。接球时，两手掌根相对，保持一只手五指分开，手心向上，另一只手五指分开，手心向着来球方向的手形，位于身体侧上方。在接触球的瞬间，一只手触球的下部，另一只手同时触球的后中下部，两前臂同时向出球方向送出，利用手腕手指触球形成的弹力将球传出。其特点是利用快速伸手，可挡击并调整较高位置且有速度的来球，有利于丰富攻防快速转换中二传运用，易学、实用，是排球实战中常用的重要技术之一。

第二，双手托捧（身体前方）。接球前，两脚开列与肩同宽，成半蹲或稍蹲姿势站立。两肘弯曲，两手掌根相对，保持一只手五指分开，手心向上，另一只手五指分开，手心向着来球方向的手形，位于体前。在接触来球的瞬间，一只手托在球的下部，另一只手同时触球的后中下部，两前臂同时上抬，利用手腕、手指触球形成的弹力将球捧起。其特点是伸手动作快，可挡击任何位置来球，特别是胸前、腰上来球。可扩大防守范围，容易控制球的落点和方向。动作技术易学、实用，是排球实战中常用的重要技术之一。

第三，双手平捧。双手平捧动作方法是两脚开立，成半蹲姿势。两肘弯曲，上臂与前臂夹角大于90°，两手平行成一个平面，位于腹前。来球时，前臂前伸，掌心向上，五指分开，手指呈半紧张状，两手形成一个平面。击球瞬间，双手插入球底部，捧住来球，前臂上抬，自下而上全手掌击球的后下部，利用手腕、手指触球形成的弹力将球捧起。

第四，单手捧球。单手捧球技术是指处理在身体侧前方且速度平稳来球的实用技术。其动作方法是两脚开列，成高重心姿态。单臂置于腰腹前，五指自然张开，形成一个平面，掌心朝上。上臂与前臂大于90°夹角。击球瞬间，置球于手掌心上，击球位置可在腹部以下，靠手指手腕力量捧并弹击来球。

第五，双手夹捧。双手夹捧动作方法是两脚开列，成半蹲姿势。击球点一般位于膝关节以下或膝关节以上腰腹以下。来球时，两手臂往前伸，掌心相对，五指分开呈半紧张状，两手成夹球形。击球瞬间，两手快速夹触球（掌心不触及球），利用前臂和手腕的合力，两手同时向上将球捧起。

3. 垫球

垫球，是指用手臂插入球的下部，利用来球的反弹力向上击球的技术动作，主要用于接发球、接扣球、接拦回球，有时也用来组织进攻。完成动作时，以正确的动作定型，强调含胸夹臂，小臂外翻，手腕下压，使小臂形成平面。能做到协调用力、迎球及时、用力适度、蹬送明显，做到手臂角度随来球而变化，达到控制球力度的目的。

垫球技术按动作方法可以分为：正面双手垫球、侧面双手垫球、跨步垫球、背垫球、前扑垫球、滚翻垫球、鱼跃垫球、单手垫球以及挡球等。按运用分类可分为接发球、接扣球、接拦回球、接其他球等。

（1）正面双手垫球。正面双手垫球技术是垫球中基本和常用的技术。

准备姿势：以半蹲或稍蹲准备姿势，两脚开立、稍宽于肩，两脚一前一后，两膝弯曲，在场地左半场一般左脚在前，右半场一般右脚在前，中间依习惯决定，肘关节自然弯曲，两手置于腰腹之间。此外，两手相对，拇指朝上也极为重要，因为拇指朝上，两手相对，既可以向下组成垫球手臂型及垫球动作，也可以向上组成传球动作和挡球。

垫球的动作：当来球距自己身前较近时，以两手重叠，两掌根靠拢，合掌互靠，两拇指平行，两肩放松，两手臂伸直旋外，组成叠掌型手型，向前下方插入球下，以压腕，抬臂及跟腰，蹬地伸膝动作将球垫出，击球点约在腹前一臂处为宜，击球部位是前臂腕关节上 10 厘米处前臂形成的平面。

垫球用力：垫球的用力同来球的速度大小有关，当来球速度慢时，垫球动作用力幅度大，当来球速度快时，垫球动作用力幅度小，或不用力。垫轻球时，由于来球速度慢，应以两臂上抬和伸膝的协同用力动作将球垫出。垫中等力量来球时，由于来球有一定速度，两臂迎击上抬的幅度小，速度应缓慢。胯、膝、踝关节应保持弯曲状态，随着球的速度和反弹，伴随抬臂、缓慢的伸膝、蹬地，使球按照一定的合理速度垫给二传。垫重球时，由于来球速度快，两臂触球时间几乎为 0，此时应摆好手臂角度，两膝关节弯曲，重心降低，不给球任何力量，使球垫在手臂反弹出去。球出手后，膝关节仍旧保持弯曲状态，尽可能利用肌肉的弹性和本体感觉控制球的反弹角度和方向。

手臂角度与本体感觉：垫球时手臂与地面的夹角对控制球的方向、弧度、落点也有一定关系。一般来说，来球弧度高，垫出的球弧度低，手臂与地面的角度可大些。来球弧度低或垫出球的弧度大，手臂与地面的角度可小些。

垫球时另一重要因素是肌肉本体感觉，由于垫球是用手臂垫出的，球接触手臂时间很短，因此通过判断，肌肉本体感觉及垫球的技术动作综合要素，才能控制好球的落点、弧度、速度符合技术需要，因此需要长时间练习才行。

（2）侧面双手垫球。在身体两侧用双手垫球的技术动作为侧面双手垫球。在比赛中，由于球的速度快，不规则性大，常采用这一技术。

以左侧为例，当球向左侧飞来，左脚跨出一步，重心左移，两臂夹紧组成垫球手臂向左伸出，右臂向下倾斜，用向右转腰和提左肩的动作配合两臂自左后下方向前截住球飞行路线，垫击球的后下部。但注意不要随球摆臂以免球从侧面飞出，在能正对来球情况下尽可能通过移动正对来球。

（3）背垫球。背对击球方向，从体前向背后垫球叫背垫球。垫球时先迅速移动到球的落点下方，背对击球方向，两臂靠拢伸直，击球点高于肩，以抬头挺胸，展腹后仰动作，直臂向后上方摆动击球。在垫低球时，可利用屈肘、翘腕动作，以虎口处将球向后上方垫起。

（4）挡球。用双手或单手在胸部以上挡击来球称为挡球。挡球可分为双手挡球和单手挡球。其中，双手挡球多用于挡击胸部以上、力量大、速度快的来球，手形有抱拳式和并掌式两种。抱拳式是由两肘弯曲，一手内抱，另一手外抱，两手掌外侧所组成的平面朝前。并掌式是由两肘弯曲，两手虎口交叉，两手掌外翻合并成勺形的击球面朝前。挡球时，手臂屈肘上举，手腕后伸，以手掌外侧和掌根所组成的平面挡击球的后下部。击球瞬间，手腕要紧张，用适度的力量将球向前上方挡起。

4. 传球

利用全身协调力量并通过手指、手腕的弹力，将球传至一定目标的击球动作称为传球。传球的特点是采用手指、手腕缓冲和反弹的力量击球，因此，控制球的面积较大，容易控制球的弧度和落点。

传球，是排球运动中一项重要的基本技术之一，也是二传队员组织本队进攻的主要方式。

（1）正面传球。正面传球是最基本的传球方法，是其他各种传球的基础。

准备姿势：多采用稍蹲准备姿势，两脚左右开立，一前一后，约同肩宽，两膝稍弯曲，身体自然挺起，两手自然抬起，准备传球。

传球手形：传球手形是传好球的基础，正确的传球手形有助于传好球，控制好球的方向和速度。传球手形分为两种：①通常教科书中描述的两手组成半球状，两拇指相对成"一字形"的传球手形；②两手组成半球状，两拇指斜向前方的"八字形"传球手形。这两种手形的技术共同点是在触球时，两臂弯曲，两肘适当分开，两手指自然张开，两手组成半球状，使手指与球吻合，手腕稍后仰。不同点是"一字形"以拇指的中部触球的底部，"八字形"以拇指内侧触球的底前部。两种手型均以食指全部，中指二、三指节和无名指，小指的末端关节触球。从对人体解剖学和运动生物力学分析来看，"一字形"的传球动作主要是以拇指的内收，屈并向对掌运动进行的动作协同其他手指，手腕屈的运动作用于球体将球传出。"八字形"是以拇指的屈和对掌运动协同其他手指，手腕屈的用力传球。两种手型用力动作均符合人体解剖学原理和排球运动实践的需要。

传球击球点：当来球距身体约 1 米时，则开始向上伸臂和伸膝迎击来球。击球点约在额前上方一球为宜。

传球的用力动作：传球的用力主要是以手指、手腕的弹力及伸臂伴送和伸膝蹬地全身协调用力传出。当传球的距离较远时，蹬地、伸膝的用力大一些。反之则小一些。

（2）背面传球。背对传球方向的传球称为背传球。背传时上体比正传稍后仰，身体重心在两腿之间，双手抬起置于脸前，两腿自然弯曲，击球点在额的上方。同正传相比靠近头上部，背传手型同正传相同，用力时以蹬地、伸膝，挺腰展腹向上伸肘，同时以手指、手腕的弹力将球传出。同正传相比，背传手腕用力幅度小，拇指向后上方用力较大，食指和中指向上辅助控制球的方向。

5. 扣球

队员以一只手臂击球的形式，将本方场区上空的球击入对方场区的击球方法叫作扣球。扣球，是进攻性击球的基本形式和有效方法，是比赛得分的主要方法之一。

正面扣球，是扣球中的一种基本方法。正面扣球面对球网，便于观察，准确性较高。运动员可根据对方防守布局随时改变扣球路线、力量，有利于控制球的落点，因而是最好的进攻方法。

（1）动作分析。正面扣球的动作结构包括准备姿势、助跑、起跳空中击球和落地几个互相衔接的部分。整个扣球动作必须协调有节奏。

准备姿势：扣球助跑前采用稍蹲姿势，两臂自然下垂，站在距网 3 米左右的位置观察来球，做好向各方向助跑起跳的准备。

助跑：助跑的作用是为了接近球，选择适宜的起跳地点，同时也起到增加弹跳高度的作用。助跑的步数要根据球的远近和个人习惯采用一步、两步、三步或多步法。

起跳：起跳的目的不仅仅在于获得高度，还为了掌握扣球的时机和选择适当的击球位置。

空中击球：击球是扣球技术的关键环节。起跳后，挺胸展腹，上体稍向右转，右臂向后上方抬起，身体呈反弓形，利用收腹发力，带动肩、肘、腕各关节呈鞭打动作向前上方挥动，使全身的协调用力集中于手上，以加大击球力量。击球时，五指微张成勺形，手掌包满球，击球的后中部，同时主动用力屈腕屈指向前推压，使扣出的球加速上旋。

落地：落地时应力争双脚尽快同时着地。以前脚掌先着地再过渡到全脚掌着地。同时顺势屈膝、收腹，以缓冲下落力量，并立即做好下一个动作的准备。

（2）扣球时常见错误和纠正方法。

第一，助跑起跳问题，即起跳点保持不好，起跳时机太早或太晚，扣球时离网太近或太远。纠正方法：明确助跑起跳时机。用限制法强行限制起跳点。用助跑起跳接高球或高压吊球练习体会起跳至最高点手触球时间和保持人球位置。

第二，挥击动作不正确，即手臂挥击僵硬，肘关节下拖，鞭甩不充分。纠正方法：两人一组，一人持球在最高点，另一人做鞭打动作，互相协作，互相给对方找缺点（相当于镜子的作用）。

第三，击球手法不正确，即未包满球。纠正方法：未包满球时，击球发出的声音没有包满球时的声音响，可听声音来辨别。原地对墙扣小力量球，体会手腕触球用力的感觉。

第四，扣球节奏不适宜，即不能在最高点击球。纠正方法：原地固定球练习。助跑起跳固定球练习。

6. 拦网

拦网，是指靠近球网将手伸向高于球网处阻挡对方来球的行动，是抗击对方来球的第一道防线，是反攻的序幕，它是兼防守与进攻于一体的技术，是得分的重要手段。拦网分为单人拦网和集体拦网。两者对个人的技术要求是相同的，只是集体拦网需要注意相互间的协调与配合。

（1）单人拦网。单人拦网是集体拦网的基础。其动作结构包括准备姿势、移动起跳、空中动作和落地四个相互衔接的部分。

准备姿势：队员面对球网，两脚平行开立，约与肩同宽，距网 30~40 厘米，两膝稍屈，两臂在胸前自然屈肘，以便于起跳和迅速向两侧移动。移动是为了及时对正扣球，可根据各种情况采用并步、交叉步、滑步等移动步法，迅速取好起跳点，准备起跳。

起跳：原地起跳时，重心降低，两膝弯曲，用力蹬地使身体垂直起跳。

空中击球：起跳时，两手从额前贴近并平行球网向网上沿的前上方伸出，两臂伸直，两肩尽力过网伸向对方上空，两手接近球，并自然张开，当手触球时，两手要突然紧张，手腕用力下压，盖住球的上方。手腕的主动用力盖帽捂球，使球反弹角度小，对方不易防守。为了防止打手出界，2、4 号位队员的外侧手掌心要向内转。

落地：如已将球拦回，则可面对对方，屈膝缓冲，双脚落地。如未拦到球，则在下落时就要随球转头，并以与转头方向相反的一脚先落地，随即转身面对后场，准备接应来球或做下一个动作。

（2）集体拦网。集体拦网中单个动作同单人拦网动作一样，关键是配合。集体拦网要确定以谁为主，密切协同配合，主拦队员确定拦网中心，配合队员要及时选好起跳点，起跳时应避免相互冲撞和干扰。起跳后，手臂在空中要保持适当距离，尽量扩大拦截面，但手与手之间距离不要过大，以免漏球。

二、高校排球运动的战术训练

（一）排球战术的组成

排球战术，是指运动员在比赛中，根据排球竞赛规则和排球运动的规律、比赛双方的具体情况和临场竞赛的发展变化，合理运用个人技术及集体配合所采取的有意识、有组织的行动。其中个人战术是指运动员运用个人技术的变化，以达到有效的进攻和防守的目的。集体战术是指建立在进攻阵型与进攻打法和防守阵型与防守方法的基础上，两名以上运动员之间有组织、有目的、有预见性的集体配合行动。

排球战术根据参与人数可以分为个人战术和集体战术。个人战术包括发球、一传、二传、扣球、拦网、后排防守；集体战术是根据在排球运动中进攻与防守相互转换的特点和规律进行分类，具体分为接发球及其进攻（一攻）、接扣球及其进攻（防反）、接拦回球及其进攻（保攻）、接传垫捧球及其进攻（推攻）。在排球运动整体过程中，技术是基础，战术是载体，技术通过战术来发挥和表现。技术是制定战术、运用战术的基础。技术决定战术，战术促进技术。二者相互促进和提高。技术与战术相互联系、相互依存、相互制约、相互促进而发展。个人战术，是集体战术的组成部分，集体战术是个人战术的综合体现，二者之间的关系是局部与整体的关系。二者相辅相成，互相促进，互相弥补。

战术意识，是队员在实际运动中所积累的经验、才能与知识的综合反映，也是队员在比赛中判断能力、反应能力、应变能力以及合理地运用技术和实现战术能力的概括。战术意识是运动员的自觉心理活动，是反映一个队员是否成熟的重要标志。但战术稳方，球向下旋转飞行，旋转越快，落地越近，不易出界。

（二）排球战术的配合

1. 阵容配备

阵容配备，是合理使用队员、有效组织本队力量的一种战术组织形式，是参赛队根据比赛的实际情况、本队战术组织的特点及队员自身的身体情况，有针对性地、合理地安排出场队员及位置分工，充分地调配力量，科学组织人员的筹划过程。

（1）在四人制比赛中，排球阵容配备有以下形式：

"二二"配备，即两名二传、两名扣球队员。

"三一"配备，即一名二传、三名扣球队员。

二号位传球配备，即由轮转到二号位的队员做二传。

（2）在五人制比赛中，排球阵容配备有以下形式：

"三二"配备，即三名扣球队员、两名二传队员。

"四一"配备，即四名扣球队员、一名二传队员。

前排二号位或三号位传球配备，即由轮转到二号位或三号位的队员做二传。

（3）排球阵容配备与队员场上位置安排。

第一，在四人制排球中为两排两列，2号位、3号位为一排（前排），1号位、4号位为一排（后排），1号位、2号位为一列，3号位、4号位为一列。

第二，在五人制排球中为两排三列，2 号位、3 号位、4 号位为一排（前排），1 号位、5 号位为一排（后排），1 号位、2 号位为一列，4 号位、5 号位为一列，3 号位单独为一列。

2. 位置交换

位置交换，是指在规则允许的条件下，交换场上队员位置的方法。

（1）位置交换的目的：①有利于发挥队员特长，以取得扬长避短的效果；②有利于组织进攻防守战术的需要，从而取得攻防战术的优势；③有利于队员专位分工，以提高攻防战术的质量。

（2）交换位置的任务：①将二传队员换位到二传位置；②将扣球队员换位到他更擅长的扣球位置；③将拦网好的队员换到对方进攻较强的位置；④将防守好或接发球好的队员换到作用更大的位置。

（3）交换位置的方法与时机。本方发球时，同排队员相互靠近，待发球队员击球后，按照事先约定好的位置进行换位；对方发球时，利用合理的接发球站位进行位置交换。

比赛中，利用"一攻"结束后顺势换位，组成"防反"阵型，待死球后再恢复成原来的位置。

（4）位置交换应注意的问题：①交换的队员要制定好换位移动的路线，防止相互干扰；②交换时要迅速、果断，尽可能缩短交换时间，交换后立即形成拦网准备动作；③必须在发球队员击球之后再换位，防止出现"位置错误"；④成死球后，应立即返回原来的位置，防止发生"轮次错误"。

第二节　运动教育模式对排球运动教学的影响

一、运动教育模式对排球运动技能的影响

"运动教育模式是高校体育教师教授基础理论、进行实践教学的重要手段。"[1] 对排球运动技能的探讨主要为垫球、传球和发球三项技能，学生在运动教育模式和传统技能教学方面的运动技能均有所进步，且运动教育模式的提高效果更为明显。

运动教育模式以团队为单位，赋予每位学生不同的角色与任务，以化整为零的方式教学，在极大程度上发挥了教师主导和学生主体的作用，学生间相互合作相互探讨的机会增多，教师在教学过程中更容易发现学生的问题，学生也能通过教师的讲解和团队合作及时纠

---

①杨德荣．普通高校排球教学中运用运动教育模式的研究［J］．体育科技文献通报，2014（5）：76.

错。在运动教育模式中，学生集中于团队练习，以及学生对实现共同表现目标的限制，为他们提供了合作的积极条件。另外，运动教学模式为学生营造出积极竞争的环境，促使学生准确定位学习目标，促成学生积极参与练习，直接给教师的课堂教学带来良好的教学效果。

在团队合作中，运动教育模式赋予了学生更强的角色意识，营造了竞争的紧迫感，学生在比赛中发现问题，课后则加强技术练习，使得练习机会增多，因此在运动技能方面进步更为显著。而传统技能教学模式是通过课堂上对某一动作技能的学习、练习、再学习的方式，开始学习新技能时，学生们会体现出较高的学习积极性，由于教学方法单一、枯燥，随着教学的开展，学生对排球学习的兴致逐步降低，课后练习少之又少，因此不会主动发现自己的缺点，技能提高效果略低。

在教学评价方面，运动教育模式以竞赛为中心的设计为学生提供了灵活性和多样化的教学评估方法，在教学效果上具有积极的影响。

首先，运动教育模式注重学生的主体意识，弱化教师的主导权，可培养学生自主学习的能力，但在教学过程中，针对某一技能知识缺乏学习的系统性和全面性。

其次，就垫球、传球和发球三项排球技能掌握的难易程度而言，最难的一项技能为传球，而在传统技能教学模式中，传球作为一个单元教学往往被安排在学期计划的中间阶段，学生的学习和练习时间较短。因此，运动教育模式下学生主动性高于传统技能模式，在学习过程中发现自身的不足，并能够相互学习、取长补短，所以技能发展比传统技能教学组的学生更均衡。

运动教育模式强调教学比赛，在课堂组织和激发学生自主意识方面起到了积极的促进作用。然而，充分发挥学生自主性，培养学生对体育的兴趣，发展学生的终身体育意识是大学体育教学的目标。因此，在大学体育课堂中应融入运动教育模式，充分激发学生的主观能动性，让学生在比赛中感受体育的魅力，并应用到往后的生活中。教学实施者应注意，运动教育模式对教学组织安排要求非常严谨，前期需要对学生进行学情分析，再制定合理的赛季安排。运动教育模式教学是一个循序渐进的过程，需实施长期的干预，运动技能的提高效果才会显现。

此外，运动教育模式在课程评价体系方面更加灵活、系统，注重学生在比赛和职责表现方面的判断，强调操作性评价和真实性评价。这就要求教学实施者加强对课程评价体系的完整，使教学成果得到客观、科学的评价。

二、运动教育模式对排球运动动机的影响

学生参加体育运动的最大影响因素是内部动机，外部动机对学生的参与度影响较小，若"外附奖励"减少（如为表现优异的学生加平时成绩），外部动机的作用也会相对减

少。然而，自我决定动机理论①的核心假设之一认为，内部动机可促进学生学习的发展，内化的外部动机也可促进学生学习的发展，认同动机和无动机则会阻碍学生学习的发展，当自我心理需求得到满足时，有利于外部动机的内化，否则会使无动机行为上升。在运动教学模式中，随着学生对新技能习得的成就感激发了内部动机，且促进了外部动机内化。

但与传统技能教学组相比，运动教育模式组的学生运动动力提高更为显著。社会环境对学生的运动动机存在一定影响，在有利于内部动机发展的环境下学习，学生的自我管理和学习持久性更好。在运动教育模式下，教师给予学生足够的自主权。三个赛季贯穿整个学期，学生通过自己的努力不断迎接新的挑战。并且团队为单位的学习模式使学生在学习中能够得到同伴的认可。但传统技能教学模式以技能学习为始终，学生能体会的仅是新技能学习的喜悦感，因此在运动动机方面的提高效果弱于运动教育模式组。

运动教育模式为学生提供了扮演最符合他们兴趣和个人优势的角色机会，从而促进了学生对成功的感知。教师采用运动教育模式的教学方法旨在满足学生的心理学需求（自主、能力和需求），从而增加自主学习的动机，而自主动机的增加会使学生更大程度地享受和参与体育活动的快乐感。此外，在教学中，运动教育模式赋予学生足够的发言权和选择权，在比赛中，学生的行为也能得到同伴的认可，因此比传统教学模式的学生体验到更大的满足感，进而由外部动机逐渐内化。

对教学实施者来说，为学生提供高度自主的教学环境很重要，在运动教育模式中需要聚焦于创造和实施学习体验，为学生提供一定的控制（如小组教学），并减轻与竞技性体育相关的负面影响（比如只关注比赛成绩），这些负面影响往往会使学生边缘化，阻碍动机的发展。

因此，需要体育教师深入思考课程设计，正确定义运动教育模式的体验，而不仅仅是课堂教学的创新。课中，教师和各队的计分员应及时反馈课堂上表现好的学生或队伍，予以加分。

---

①自我决定是一种关于经验选择的潜能，是在充分认识个人需要和环境信息的基础上，个体对自己的行动做出自由的选择。自我决定论由美国心理学家德西和瑞安提出，强调自我在动机过程中的能动作用。自我决定论将人类行为分为自我决定行为和非自我决定行为，认为驱力、内在需要和情绪是自我决定行为的动机来源。

第三节　运动教育模式在高校排球教学中的应用

一、运动教育模式在高校排球教学中的应用优势

（一）有效培养团队合作意识

"近年来，我国在各种体育赛事方面取得了很多的成绩，让更多的人参与到体育中来，这也为高校体育的顺利开展奠定基础。"① 在传统的体育教学模式中，学生常常处在被动训练的位置，难以激发自身的参与热情，使得排球教学效率过低。在排球训练中运用运动教育模式后，教师会将班级随意或按照一定条件划分为若干小组，以小组为单位进行角逐。教师通过分组竞争的方式，为学生提供了一个展示自己的舞台，最大程度激发他们的参与热情，让每位学生学会相互配合、共同进取、相扶相携、迈向成功。当学生萌生为团队争光的念头时，就会竭尽全力地练习、实践，以此增加获胜的筹码。教师用分小组竞争的方式，激发学生的课堂参与积极性，有效培养了学生的团队合作意识，为高效完成教学任务打下坚实的基础。

（二）促进学生心理健康发展

比赛是运动教育模式中的主要形式，自始至终充斥着整个比赛季。球场上充满了未知，排球小组组员需要尽可能为各种突发状况探讨出妥善的解决方案，尽量提升团队的胜算。随着时间的流逝，各个小组成员间的默契程度、团队精神、取胜信念会越来越高，各方竞争也会日益激烈。这要求各个组员在具备一定排球技术的前提下，提升自身的随机应变能力、快速精准的判断能力和当断则断的魄力，这必须要历经一个漫长的过程才能达到。将运动教育模式运用于高校的排球教学活动中，能够磨砺学生的意志，促进自身心理健康发展。

（三）增强学生社会适应能力

将运动教育模式贯穿整个排球教学中，教师能够通过分小组竞赛的方式，科学指导学生进行不同的角色扮演，使不同身体素质、不同运动水平的学生在教学中获得较为真实、全面、生动的运动体验。学生在此过程中，为了赢得最终的比赛，会不断为自己"充电"，积极训练团队各个成员的基本排球技能，使小组整体水平、素养逐渐增加。

---

①王晓芳．高校排球教学中运动教育模式分析［J］．文体用品与科技，2013（24）：130.

在这个锻炼、提升的艰难过程中，各小组成员的协调组织能力、语言表达能力、沟通交往能力等都会不知不觉上升到一个新的高度，极大程度上提升了学生的社会适应力，为其今后走向社会作好铺垫。

二、运动教育模式在高校排球教学中的应用要点

（一）辩证应用，提高教学效率

运动教育模式属于"舶来品"难免出现不适合中国教育体制的情况。与传统的体育教学模式相比，运动教育模式在指导思想、教学目标等方面都具有一定特色。为了尽可能迎合时代的发展要求，各大高校的体育教师在将其运用于排球教学的过程中，一定要在备课时加强对运动教育模式的理论学习力度，充分领悟新型教学模式的优劣之处，取其精华去其糟粕，辩证地将其与实际教学任务相结合，使其"本土化"更加适应我国当前高校体育教学环境。

（二）结合实际，调动学生热情

尽管运动教育模式近几年经过一定改进，较为符合我国体育教学需求，但是在称赞它的优势时，也不能忽视它存在的问题。一线体育教师在设计教学环节的时候，必须对运动教育模式具备一个全面系统的理解过程，找出其不适用于当前国内体育教学的部分，不断完善，结合实际情况，充分调动学生的参与热情，从根本上逆转学生学习的被动地位，培养其自主参与性，最大程度上提升课堂效率，使体育教学效果更加明显。

（三）引导练习，衔接内外活动

要想真正提升学生的排球技能，除了抓紧课堂练习时间之外，还应该合理利用课余时间。教师在课堂之余，要为学生充分争取练习空间，尽量营造一个安全、舒适的练习环境，并对学生进行技术指导，充分利用课下时间，将课内外相结合。这样一来，不仅能够有效提升学生的排球技能，还能够活跃校园体育氛围，带动更多学生参与到排球运动中去。

（四）扩大推广与应用的范围

在将运动教育模式运用于高校排球教学取得一定成效之后，教师可以考虑将其进一步推广到其他体育运动的教学活动中。将教学方案中与排球活动有关的部分替换成需要变化的内容，结合我国高校体育教学的现状，从实际出发，利用运动教育模式可操作性强的特点，将现有教育资源进行翻新再造，为广大学生提供多元化的学习体验。还可以采用互补互助的方式，在高校体育教学中将运动教育模式和传统教学模式相融合，为今后的教学活动打下了坚实的基础。

参考文献

［1］ 安莹. 学校体育与终身体育［J］. 机械职业教育，2008（8）：25，32.

［2］ 曹勋. 高校体育教育对学生心理健康的促进研究［J］. 教育与职业，2016（18）：106-107，108.

［3］ 方志英. 高校体育教学方法改革研究［J］. 科教导刊-电子版（上旬），2014（10）：115.

［4］ 高航，高嵘. 运动教育模式实施策略研究［J］. 体育文化导刊，2010（2）：60-63.

［5］ 高航，章荣江，高嵘. 当代运动教育模式研究［J］. 体育科学，2005，25（6）：79-83，86.

［6］ 郭冬柏. 新时期高校体育教育的发展策略探究［J］. 福建茶叶，2020，42（3）：159.

［7］ 胡本东. 篮球运动技术动作模式下的体能训练探究——评《篮球运动系统训练》［J］. 中国教育学刊，2019（2）：后插5.

［8］ 黄日峰. 探索高校体育课堂教学改革的方法［J］. 才智，2014（32）：75.

［9］ 黄日峰. 探索高校体育课堂教学改革的方法［J］. 当代体育科技，2017，7（6）：80-81.

［10］ 李戈，孙润娟. 高校篮球课教学中运动教育模式的应用［J］. 当代体育科技，2022，12（11）：83-85，91.

［11］ 李海英. 新时代高校体育教学的多维研究与运动教育模式［M］. 北京：人民体育出版社，2020.

［12］ 李沛立. 从排球运动群开发谈新体育项目创造过程的基本思维方法［J］. 南京体育学院学报（社会科学版），2004，18（1）：105-108.

［13］ 李小刚. 美国运动教育模式本土化研究［J］. 体育文化导刊，2017（5）：161-165.

［14］ 李晓曼. 运动教育模式研究综述［J］. 拳击与格斗，2021（12）：153-154.

［15］ 李兴龙. 高校体育教学方法探讨［J］. 魅力中国，2019（9）：280-281.

［16］ 林天皇. 运动教育模式理论评析［J］. 体育研究与教育，2015，30（3）：65-68.

［17］蔺浩，李杉，肖洪．基于 SEM 的高校体育教育学生满意度研究［J］．西南师范大学学报（自然科学版），2019，44（6）：110-115．

［18］刘买如，郭敏，刘聪．体育教育专业排球普修技术课教学模式探讨——"分层递进"教学模式的实验研究［J］．首都体育学院学报，2007，19（6）：76-78．

［19］刘占鲁，冯嘉诚，余佳俊，等．慕课融入运动教育模式课堂教学的研究［J］．广州体育学院学报，2019，39（4）：110-112．

［20］罗玲红．论高校体育教育与终身体育教育［J］．北京体育大学学报，2002，25（6）：829-830．

［21］潘迎旭，牛国刚．中国女子沙滩排球运动员的功能性动作筛查结果分析［J］．首都体育学院学报，2018，30（6）：551-556．

［22］王焕波．"运动教育"模式在高校公体篮球课中的实验研究［J］．山东体育学院学报，2006，22（4）：120-122．

［23］王景贤．运动教育模式下运动道德教育的价值探析［J］．山东体育科技，2016，38（3）：68-74．

［24］王晓芳．高校排球教学中运动教育模式分析［J］．文体用品与科技，2013（24）：130．

［25］吴亚香．校园足球教学引入运动教育模式的研究［J］．南京体育学院学报（社会科学版），2016，30（5）：82-87．

［26］熊艳，马鸿韬，孙琴．"运动教育模式"对学生运动强度的影响［J］．体育学刊，2015（1）：130-133．

［27］熊艳，马鸿韬．"运动教育模式"对学生运动动机的影响［J］．南京体育学院学报（社会科学版），2013，27（6）：82-90．

［28］熊艳．我国普通高校运动教育模式的理论构建与实证研究［M］．北京：北京体育大学出版社，2021．

［29］徐延丽，刘春燕．我国高校体育教育专业课程设置发展经验、困境及对策［J］．体育文化导刊，2022（8）：8-13．

［30］许颖珊．由高校体育慕课引发的教学模式思考［J］．拳击与格斗，2021（4）：7．

［31］杨慈洲，代浩然，高嵘．运动教育在高校公体篮球教学中的应用研究［J］．武汉体育学院学报，2006，40（12）：106-108．

［32］杨德荣．普通高校排球教学中运用运动教育模式的研究［J］．体育科技文献通报，2014（5）：76-77，109．

［33］杨凤英，孙延林，王炜华，等．新文科建设背景下高校体育教育专业建设的应然取

向和实践路径［J］．天津体育学院学报，2021，36（5）：497-504.

［34］杨向明．高校体育教育场域中的性别透视现象思考［J］．成都体育学院学报，2012，38（9）：80-83.

［35］袁祖力，孙涵．运动教育模式在高校篮球教学中的应用研究——以上海交通大学为例［J］．当代体育科技，2020，10（13）：61-62.

［36］张海斌，王朝军，葛春林，等．排球运动员发球预判过程中的视觉搜索特征［J］．天津体育学院学报，2015，30（5）：438-447，460.

［37］张小锋．体育教学原则探讨［J］．科技风，2008（21）：112，119.

［38］张修昌．网络时代高校体育微课程研究［J］．湖南科技学院学报，2015（10）：178-180.

［39］张云鹏，李杰凯．后现代教育观视角下篮球普修课技术教学模式的研究［J］．沈阳体育学院学报，2008，27（3）：95-97.

［40］章要在．运动处方在高校排球选项课教学中的作用［J］．体育学刊，2002，9（1）：61-63.

［41］赵平，王宁．休闲体育融入高校体育教育体系探究［J］．人民论坛，2015（33）：155-156.